Bibliothek
für Designer

STORYTELLING FÜR DESIGNER

OLIVER RUF

Bibliothek
für Designer

STORYTELLING FÜR DESIGNER

avedition

Bibliothek
für Designer

Zur Buchreihe

Einführungsreihen gibt es viele, doch noch keine, die sich speziell an Gestalter richtet, in deren akademischer Ausbildung kultur- oder naturwissenschaftliche Methoden und Inhalte ja nicht unbedingt im Vordergrund stehen. Ziel der vorliegenden Buchreihe *Bibliothek für Designer* ist daher eine Erschließung von Bezugswissenschaften und sekundären Wissensgebieten für Gestalter.

Die Reihe geht dabei nicht im Sinne konventioneller und fachspezifischer akademischer Übersichtsdarstellungen vor, sondern als vom Entwurfsprozess ausgehende, prägnante und kompetente Darstellungen des jeweiligen Wissensthemas. Daher zielt die Reihe nicht primär auf solche Themen, die dem Design nahe sind, sondern auf mögliche Projektinhalte der Gestaltung. Die Bände sollen vor allem eine Portalfunktion aus der Interessenslage der Gestalter heraus erfüllen.

Die Herausgeber
Prof. Dr. Thomas Friedrich
Prof. Dr. Klaus Klemp
Prof. Dr. Gerhard Schweppenhäuser

Inhalt

11 x **Zum Buch**

---

13 Design – Technik – Narration

14 x **Geschichten und Geschichte**

16 x **Gestaltung erzählen**

16 Kultur als Phasenmodell

17 Was erzählt Design?

22 Vom Medium-Werden

26 x **Kultur mit Design erzählerisch formen**

---

29 Was ist Erzählen?

30 x **Erzählung und Erzählen**

31 x **Erzählung vs. Geschichte**

32 Das Narrative

34 Die Zeit der Erzählung

36 Der Raum der Erzählung

40 x **Über Erzählweisen**

40 Aufhebungen und Brüche im Erzählten

41 Epische Breite und Heldenrolle

---

43 Erzählformen

44 x **Poetik à la Aristoteles**

44 Bestandteile des Erzählens

45 Drei Einheiten

47 Charaktere

47 Der Aufbau einer Erzählung

50 x **Erzählstrukturen nach Gustav Freytag**

50 Abfolgen

51 Akte

54 x **Joseph Campbells »Hero's Journey«-Modell**

54 Die Reise des Helden

55 Schematisch erzählen

56 Handlungsmöglichkeiten

57 Archetypen

59 x **Zwölf Kriterien einer guten Erzählung**

---

61 Erzähltexturen

62 x Design und Autorschaft

62 »Der Tod des Autors«

63 Das Feld des Storytellers

64 Text vs. Bild

68 x Zwischen Medien

68 Das Konzept der Intermedialität

69 Intermediale Modelle und Funktionen

70 Das Beispiel der Fotografie

71 »Depot« und »Atlas«

73 Das fotografische Gedächtnis

75 x Der Design-Autor

75 Benutzeroberflächen

76 Design medial konzipieren

---

79 Design-Storys

80 x Storytelling im Kommunikationsdesign

80 Wie Werbung wirkt

82 Eigenschaften starker Bilder

83 Warum Storytelling in der Werbung?

85 Story-Analyse 1

91 Story-Analyse 2

93 Story-Analyse 3

95 x **Storytelling im Produktdesign**

95 Von der Produktsprache zur Produkterzählung

96 »Why Telling a Product Story?«

99 Eine Produktgeschichte

103 Wovon Produkte erzählen

---

105 Digitales Erzählen

106 x **Zur Intermaterialität**

108 x **Interaktives Erzählen**

108 Über den Austausch

109 Interaktion – Narration – Transmedialität

111 x **Digitales Editoral Design**

111 Gegenstandsbereich

112 Designdidaktische Verortung

114 Praxisbeispiel Multimedia-Reportage

---

117 **Medien – Design – Kultur**

118 x **Was heißt Medienkultur?**

119 Kultur mit Formen befragen

121 Biografisches – Bibliografisches

124 x **Eine Mediendesigntheorie**

124 Sehen – Erklären – Erzählen

126 Im Sturm der Medien

128 Flusseristisch

131 x **Für ein Labor »Neuen« Erzählens**

131 Storytelling-Theorie

132 Story-Lab-Vision

134 Medien- / Designästhetik

---

135 **Anhang**

136 x **Grundlagenbibliografie Erzähltheorie**

142 x **Endnoten**

156 x **Impressum**

157 x **Für Ihre Notizen**

Zum Buch

Storytelling [x] ist nicht der Feind des Designs, sondern dessen Schatten, sein geradezu bester Freund. Wie sehr sich jenes dazu anbietet, derartig Einsatz zu finden, soll im vorliegenden Buch in Grundzügen diskutiert und auf die entsprechenden Möglichkeiten hin überprüft werden.

x
Storytelling
Der Begriff des Storytellings wird in diesem Buch ausdrücklich nicht als eine Methode verstanden, in angewandten Kontexten (wie Werbung, PR, Marketing, Projektmanagement usw.) erzählerische Strukturen einzusetzen; vielmehr geht es darum, mit diesem Begriff das Erzählerische schlechthin für gestalterische Diskurse und Designumsetzungen zu erörtern.

Zum Aufbau des Buches: Zunächst werden grundlegende erzähltheoretische Ansatzpunkte identifiziert und rekapituliert (S. 13 ff.), daran anschließend der eigentliche erzählerische Rahmen mit dem begrifflichen und strukturellen Instrumentarium näher betrachtet (S.43 ff.). Im nächsten Schritt wird der Zusammenhang zwischen Design, Autorschaft und Medienverhältnissen dargestellt (S. 61 ff.), im Folgenden einzelne Design-Storys in ausgewählten Designdisziplinen präsentiert (S. 79 ff.) und davon ausgehend – als aktuellen Anwendungsfall – digitale erzählerische Praxisoptionen in den Blick genommen (S. 105 ff.). Abschließend wird versucht, den Komplex Medien – Design – Kultur zu reflektieren, der den Schauplatz dafür darstellt, als Designerin und Designer überhaupt Erzählungen zu praktizieren (S. 117 ff.).

Im vorliegenden Buch wird also gezeigt, wie auf unterschiedlichen Feldern von Design oder Gestaltung Erzählen verwirklicht wird. Gleichzeitig wird eine designtheoretische Beschreibung dieses Phänomens dargelegt, um ein tieferes Verständnis der entsprechenden Erscheinungen zu ermöglichen. Im Ergebnis sollen Designerinnen und Designer als Erzählerinnen und Erzähler bzw. als Autorinnen und Autoren dargestellt und ausgebildet werden. Denn auch im Zeitalter der Medienkonvergenz [x], der interaktiv bedingten Kulturtechniken und des digitalen Entwerfens ist die Gestaltung von Produkten, Formen und Funktionen nicht mehr ohne erzählerische Impulse, Konzepte und Strukturen denkbar.

x
Medienkonvergenz
Die Verbindung respektive Annäherung diverser Einzelmedien, die in erster Linie technisch bzw. technologisch bedingt ist. Medienkonvergenz fragt nach dem technischen Zugang ebenso wie nach kultureller Medienkompetenz und sozialen Implikationen.

Demgegenüber steht allerdings ein oftmals naives, alltägliches Verständnis von dem, was eine Erzählung eigentlich ist, welche Faktoren, Elemente und Strategien jene leiten und welche Methoden umgesetzt werden können, um erfolgreich Geschichten im, durch und über Design zu inszenieren.

Für J., J., B., B.

In einem Zeitalter vermeintlich sozialer Medien und immer stärker voranschreitender mobiler Kommunikationsformen erweist sich das Erzählen von Geschichten nach wie vor als gesellschaftlich essenziell. Mit dem Einzug mobiler Kommunikationssysteme in private wie öffentliche und industrielle Lebenswelten erhält die Erzählung dabei auch als Gegenstand der Gestaltung eine neue und näher vorzustellende Bedeutung. Eine Gesellschaft, die vornehmlich medial orientiert ist, bleibt – vor dem Hintergrund ihrer technologischen Entwicklungen oder auch vehementer ökonomischer Veränderungen der Kulturindustrie – eine Konstruktion narrativer Prozesse.

»Die Erzählung [...] ist international, transhistorisch, transkulturell, und damit einfach da, so wie das Leben.«

Roland Barthes, Das semiologische Abenteuer [1985], aus dem Franz. v. Dieter Hornig, Frankfurt / M. 1988, S. 102.

Geschichte und Geschichten

Für das gesellschaftliche Zusammenleben nimmt das Erzählen von Geschichten noch immer eine elementare Bedeutung ein.[1] Kinder werden durch diese Art der Welterschließung in die Spielregeln und Abläufe, die unausgesprochenen und ausdrücklich benannten Bedingungen und Handlungsweisen einer sozialen Gemeinschaft eingeführt. Auch Jugendliche greifen auf entsprechende Systeme und Zusammenhänge zurück, indem sie etwa »die fiktionalen Welten von Comics, Fernsehserien und Kinofilmen zur Erprobung ihrer Lebensentwürfe« benutzen: »Familiengeschichten dienen der Vermittlung generationenübergreifender Erfahrungen, erlauben individuelle Sinnstiftungen und prägen soziale Identitäten.«[2]

x
Erzählen
»[...] ags. *âtellan*, ahd. *arzellan*, *irzellan*, mhd. *erzeln*, *erzellen*. man unterscheide leichte, freie mittheilung im gespräch von dem bedachten, feierlichen vortrag, wiewol beide in einander laufen.« (Jacob Grimm / Wilhelm Grimm, *Deutsches Wörterbuch*, 16 Bde. in 32 Teilbänden, Leipzig 1854–1961, Bd. 3, Sp. 1077.)

Auffallend ist, dass das Erzählen x als Akt des Hervorbringens von Geschichten heute weit über das gewissermaßen ursprüngliche Medium der Literatur bzw. über grundsätzlich verbale Textsorten hinausgeht,[3] zumal ein neues Medium stets neue Möglichkeiten des Erzählens eröffnet.[4] Elemente bisheriger Erzählweisen werden dabei in das neue Medium übertragen, ein Mechanismus, den man meist als Phänomen des Medienwechsels benennt.[5] Ausgehend von einem Medienverständnis, das Kommunikationsinstrumente als materielle Zeichen ebenso umfasst wie Medientechniken der Verbreitung und Nutzung von Inhalten, zudem Medieninstitutionen und -organisationen zu deren Verwaltung, Finanzierung sowie Vertretung und letztlich auch Medienangebote, die aus dem Zusammenwirken dieser Faktoren hervorgehen,[6] ist heute aber in besonderer Weise zu beachten, dass Übertragungen von erzählerischen Strukturen über Mediengrenzen hinweg neue Gestaltungsmöglichkeiten ermöglichen – vor allem mit Blick auf die Konvergenzoptionen der Digitalisierung.[7]

Das Ziel des vorliegenden Buches ist es, vor dem Hintergrund dieser kurz angedeuteten Entwicklungen, die sich zwischen neuen narrativen Dimensionen und neuen medialen wie gestalterischen Bedingungen bewegen, erzählerische Grundlagen in den Blick zu nehmen, theoretisch einzuordnen und konzeptionell vorzustellen, die seit jeher dasjenige leiten und prägen, was man für gewöhnlich »Design« nennt. Genauer gesagt: Das Erzählen von Geschichten konstituiert eine bestimmte Art, die Designkultur sowohl zu betrachten wie zu verstehen und zu reflektieren, die geschichtlich (hier im Sinne von historisch) gebildet wird. Zur Einführung in ein derart begriffenes Storytelling – zwischen Geschichten und Geschichte – lässt sich dessen spezifische Form zunächst mit Hilfe der Überlegungen Vilém Flussers ˣ erklären,[8] die insbesondere in dessen Buch *Ins Universum der technischen Bilder* (1985) formuliert worden sind; das design- und medienphilosophische Denken Flussers stellt einen der zentralen Bezugspunkte der vorliegenden Ausführungen dar.

x
Vilém Flusser
1920–1991
Bedeutender tschechischer Medienphilosoph und Kommunikationswissenschaftler, der zentrale Bestimmungen von Design, Medien und Kulturtechniken formuliert hat, die beständig stark interdisziplinär rezipiert werden und die im Folgenden immer wieder als Bezugsrahmen dienen.

Mit *Ins Universum der technischen Bilder* präsentiert Flusser ein fünfstufiges historisches Phasenmodell,[9] das zunehmend abstrakt und abnehmend verläuft und das auf den ersten Blick und in erster Linie eine bestimmte Möglichkeit ist, Kultur geschichtlich zu begreifen. Zugleich ist aber dieses Werk nicht nur der Versuch, historische Kontexte zu beschreiben; es ist zugleich das Angebot, Kultur in ihrer Geschichtlichkeit tatsächlich neu zu erzählen. *Ins Universum der technischen Bilder* ist aus einer solchen Perspektive ein geschichtskritischer Text. Er leistet eine Neubeschreibung kultureller Phänomene, die als Modell einen kompletten Blickwechsel auslöst. Mit ihm lässt sich der eigene Standpunkt verändern und die Umwelt neu betrachten. Und dieser Prozess verläuft gestuft, als schreite man gleichsam eine Treppe langsam empor.

Gestaltung erzählen

Kultur als Phasenmodell

Die erste Stufe in Flussers »Kulturgeschichtsschreibungsphasenmodell« ist dem »Naturmenschen« vorbehalten, der sich in einer Umwelt des unmittelbaren und »konkreten Erlebens« befindet und dabei vermag, diese zu formen, mithin Kultur ˣ zu erschaffen; gleichwohl existiert hier keine Subjekt-Objekt-Wahrnehmung, die greifbar oder fassbar wäre – es fehlt eine Verbindung zwischen Raum und Zeit. Vielmehr besteht eine »vierdimensionale Raumzeit, welche den Mensch und das Tier angeht.«[10]

x
Kultur
Vom Menschen selbstständig gestaltete Hervorbringung und damit Opposition von Natur. Darunter zu fassen sind auch Übereinkünfte (Regeln, Gewohnheiten, Verträge), die es ermöglichen, dass Menschen zusammenleben und sich zu-/miteinander sozial verhalten. Kulturleistungen umfassen insbesondere die Gestaltung und Formgebung von Material, Technik, Kunst, Musik, Sprache, Ideologien usw.

In der zweiten Stufe beginnt der Mensch, sich für Gegenstände zu interessieren; die Umwelt wird dreidimensional und es findet eine Subjekt-Objekt-Trennung statt, wenn der Mensch lernt, Gegenstände zu greifen bzw. zu benutzen und herzustellen: »Es ist die Stufe des Fassens und Behandelns«.[11]

Ist sie überwunden, prägt in der dritten Stufe eine zweidimensionale Umwelt die menschliche Kultur, d.h., »traditionelle« Bilder (seien sie anschaulich, seien sie imaginär oder fiktiv) treten auf, die diese Umwelt bildlich fixieren;[12] der Mensch schiebt »zwischen sich als Subjekt« und den »objektiven Umstand« eine »Vermittlungszone«,[13] die in der vierten Stufe nun eine eindimensionale Wendung erfährt. Geschichte wird begriffen, erzählt und mittels Schrift überdauernd festgehalten; zur bildhaften oder bildlichen Vermittlungszone tritt eine linear-textuelle: »Es ist die Stufe des Begreifens, des Erzählens, die historische Stufe.«[14]

Die fünfte Stufe, die bis heute andauert, geht den eingeschlagenen Weg konsequent weiter, wenn wir uns in einer Phase der Nach-Alphabetisierung befinden, der sogenannten nulldimensionalen »technischen« Bilder. In ihr verlieren Texte ihre eigentliche Funktion, die diese neuen Bilder übernehmen, indem sie Informationen (über-)tragen: »Es ist die Stufe des Kalkulierens und Komputierens.«[15] Entstehen »traditionelle« Bilder durch Anschauung bzw. Imagination oder Fiktion, entstehen »technische« Bilder aus Punktelementen durch »Komputationen von Begriffen«[16] und werden (ebenfalls als Flächen) von Apparaten hergestellt; sie müssen wie Texte verstanden und gelesen werden.[17]

Was erzählt Design?

In Flussers Stufenmodell wird also Kulturgeschichte [x] neu geschrieben bzw. überhaupt erst: erzählt. In seinem Buch *Vom Stand der Dinge* werden diese Ausführungen schließlich nochmals einen Schritt weiter gedacht, um sie zu komplettieren – und zwar explizit in Hinsicht auf Design.

x
Kulturgeschichte
Geht davon aus, dass die Geschichte der Menschen sich fortlaufend fortschreibt, seine Elemente wie Familie, Sprache, Gebräuche und Gebrauchsweisen, künstlerische Entfaltungen usw., die ein geistig-kulturelles Leben in unterschiedlichen Zeiträumen und an unterschiedlichen Orten bilden.

Dazu bezieht sich Flusser auf die Wortherkunft dieses Begriffs und erklärt, dass er im Englischen sowohl Substantiv wie Verb sein kann: Als Erstgenanntes meine Design unter anderem Vorhaben, Plan, Absicht, Ziel, böswilliger Anschlag, Verschwörung, Gestalt, Grundstruktur – »und all diese und andere Bedeutungen stehen mit *List* und *Hinterlist* in Verbindung«; als Zweitgenanntes (*to design*) meine es u. a. etwas aushecken, vortäuschen, entwerfen, skizzieren, gestalten, strategisch verfahren: »Das Wort ist lateinischen Ursprungs, es enthält *signum*, das im Lateinischen *Zeichen* meint, und übrigens entspringen *signum* und *Zeichen* dem gleichen uralten Wortstamm. Etymologisch meint also *Design* etwa *ent-zeichnen*.«[18]

Flusser bleibt jedoch nicht bei der Suche nach der Wortbedeutung von Design stehen, sondern fragt an dieser Stelle außerdem danach, wie dieses Wort international erfolgreich geworden ist, d.h., er fragt nach dessen gegenwärtiger internationaler Bedeutung.[19] Diese Frage sei nicht historisch gemeint, sodass man nicht in Texten nachschlagen solle, wann und wo sich das Wort in seiner gegenwärtigen Bedeutung begann einzubürgern, sondern diese Frage sei semantisch zu verstehen, sodass man sich vielmehr überlegen müsse, »warum gerade dieses Wort jene Bedeutung gewonnen hat, die ihm in der aktuellen Diskussion über Kultur zukommt.«[20] Eine Antwort geben die angeführten Bedeutungsinhalte, die Design als Tätigkeit bestimmen.

List und Hinterlist sind für Flusser der Designtätigkeit eingeschrieben:[21] Der Designer erscheint ihm daher sogar als ein »hinterlistiger, Fallen stellender Verschwörer«,[22] da er betrügerisch die Menschen dazu verführe, die (im platonischen Sinne) in Materie gesetzten Ideen [x] verzerrt wahrzunehmen. Um diese Schlussfolgerung zu verstehen, greift Flusser auf einen weiteren Begriff zurück, der aus seiner Sicht dem Design nahesteht und eine diesem wesensverwandte Erscheinung betrifft: die Technik.

x
Platonische Ideen
Im Verständnis des antiken griechischen Philosophen Platon (428/427–348/347 v. Chr.) existieren sogenannte Ideen als dem Menschen übergeordnete Gebilde, die als Einfälle, Gedanken oder Leitbilder die menschliche Wahrnehmung strukturieren. Diese Ideen bestehen unabhängig der Vorstellungskraft; sie sind unveränderlich und sozusagen vollkommen.

Das griechische »techné« bedeutet für ihn »Kunst« und es hänge mit »tekton« = »Tischler« zusammen. Der Grundgedanke: Holz stelle ein unförmiges Material dar, dem der Künstler, der Techniker, Form verleihe, und der dadurch die Form überhaupt erst zwinge, zu erscheinen. Im Hinblick auf Platon heißt es dazu, dessen Grundeinwand gegen Kunst und Technik bestehe darin, dass sie theoretisch ersehene Formen (Ideen) verraten und verzerren würden, wenn sie diese in die Materie setzen. Künstler und Techniker erscheinen daher als Verräter der Ideen und als Betrüger, da sie in dieser Hinterlist nur verzerrte Ideen offenbaren.[23]

Das lateinische Äquivalent des griechischen »techné« ist für Flusser schließlich das Wort für Kunst (»ars«), was eigentlich »Dreh« meine und Flusser die Möglichkeit gibt, auf seine Beschreibung des Designers als künstlerischer Betrüger zurückzukommen: Das Diminutiv von »ars« sei »articulum« = »Künstchen«, und es heiße, dass sich etwas um etwas dreht (das Handgelenk zum Beispiel). Daher meine »ars« etwa »Gelenkigkeit« oder Wendigkeit, und »artifex« = »Künstler« meine vor allem Schwindler: »Der eigentliche Artist ist der Taschenspieler.«[24]

So sei es zu erklären, dass Technik und Kunst mittlerweile meist gegensätzlich aufgefasst werden; Flusser ordnet diese Beobachtung allerdings noch optimistisch der neuzeitlichen, bürgerlichen Kultur zu, in der die Welt der Künste jener der Technik und der Maschinen gegenübergestellt worden ist (»und daher zersprang die Kultur in zwei voneinander entfremdete Zweige: den wissenschaftlichen, quantifizierbaren, ›harten‹ und den schöngeistigen, qualifizierbaren, ›weichen‹«). Gegen Ende des 19. Jahrhunderts [x] sieht er das Wort »Design« jedoch eine erneute Verbindung zwischen beidem herstellen, eine Brücke zwischen ihnen schlagen, da in ihm der innere Zusammenhang zwischen Technik und Kunst zu Wort komme: »Daher meint Design [...] ungefähr jene Stelle, an welcher Kunst und Technik (und von daher wertendes und wissenschaftliches Denken) zur gegenseitigen Deckung kommen, um einer neuen Kultur den Weg zu ebnen.«[25]

Gleichwohl beharrt Flusser auf seiner These des Betrügerischen und des Betrugs (»Das ist das Design, das aller Kultur zugrunde liegt: die Natur dank Technik überlisten«[26]) und er verdeutlicht sie mit einem einsichtigen Beispiel aus dem Produktdesign, am Beispiel plastischer Füllfedern,[27] die für ihn eine Entwertung trotz ihres starken Designgehalts erfahren. Diese würden, schreibt Flusser, immer billiger und daher oft kostenlos als Werbemittel verteilt werden; ihr Material sei praktisch wertlos und ihre Herstellung werde dank ausgeklügelter Technik von vollautomatischen Maschinen geleistet.

x
Ende des 19. Jahrhunderts
Gemäß eines historischen Verständnisses beginnt die Designgeschichte mit der Massenproduktion von Konsumgütern in der industriellen Gesellschaft in der Mitte bzw. noch stärker: gegen Ende des 19. Jahrhunderts. Dies ist gleichzeitig der Zeitpunkt, bei dem auch das Erzählen in gestalterische Handlungen sowohl implizit wie explizit eingebunden wird.

Das Einzige, was den plastischen Füllfedern Wert verleihe, sei ihr Design, denn ihm sei es zu verdanken, dass sie schreiben: »Dieses Design ist Koinzidenz von großartigen Ideen, die, aus Wissenschaft, Kunst und Wirtschaft kommend, sich gegenseitig befruchtet und schöpferisch überschnitten haben.«[28] Und dennoch haben wir es nach Flusser mit einem Design zu tun, das nicht wirklich beachtet und sogar verachtet werde: »Die großartigen Ideen hinter den Federn werden ebenso verachtet wie das dahinter stehende Material und die dahinter stehende Arbeit.«[29]

Daraus schließt Flusser, dass »wir uns dank des Wortes Design bewußt zu werden beginnen, daß alle Kultur ein Betrug ist, daß wir betrogene Betrüger sind und daß jedes Engagement an der Kultur auf Selbstbetrug hinausläuft.«[30] Diese kulturpessimistische oder kulturnegative Position ist jedoch nicht pessimistisch oder negativ gemeint. Flusser entwirft mit ihr vielmehr als Alternative zu ästhetischen Gestaltungstheorien eine praktische Konzeption des Designs, d. h. eine Theorie von in kulturellen Praktiken und Prozeduren entstehenden gestalterischen Formen, die den Alltag erzählen. Anders gesagt: Er thematisiert das Design von den Alltagserzählungen her,[31] in denen sich beispielsweise Handlungen und Entscheidungen bzw. zunächst Wahrnehmungen bilden.

x
Entwerfen
Kann als Kulturtechnik a) ein Medium oder eine Technik bezeichnen, die erst in der Entwurfshandlung und Anwendung von Werkzeugen realisiert werden, b) das Synonym für das Erkenntnisvermögen und einer Wissenschaft sein sowie c) ein Grundprinzip/eine Idee meinen, die noch vor Gedanken und Vorstellungen bestehen (vgl. Wolfgang Kemp, *Disegno. Beiträge zur Geschichte des Begriffs zwischen 1547 und 1607*, in: *Marburger Jahrbuch für Kunstwissenschaft* 19, 1974, S. 219–240, hier S. 222–226, 234f.)

Design ist in einer solchen Perspektive kein Bereich, in dem sich bereits vollständig ausgefertigte Objekte bewegen, sondern gewissermaßen eine Arena der Konstruktion von kulturellen Hindernissen bzw. hinderlichen Gütern; Flusser spricht von Gegenständen des alltäglichen Gebrauchs, die »seitens vorangegangener Menschen in den Weg entworfen [x] worden« sind, wobei er wiederum als Erstes die Wortherkunft diskutiert: »›Gegenstand‹ ist, was im Weg steht, dorthin geworfen wurde (lateinisch: ›obiectum‹, griechisch: ›problema‹).«[32]

Das Gegenständliche, Objektive und Problematische sieht Flusser also im Wert einer solchen Behinderung; ein Gebrauchsgegenstand ist für ihn daher »ein Gegenstand, den man braucht und gebraucht, um andere Gegenstände aus dem Weg zu räumen«, »ein Hindernis zum Abräumen von Hindernissen« in einer Kultur, die dann als die Gesamtheit aller Gebrauchsgegenstände zu verstehen ist – Flusser fasst dies wie folgt zusammen: »Ich stoße auf meinem Weg gegen Hindernisse (gegen die gegenständliche, objektive, problematische Welt), ich stülpe einige dieser Hindernisse um (verwandele sie in Gebrauchsgegenstände, in Kultur), um fortzuschreiben, und diese derart umgekehrten Gegenstände erweisen sich selbst als hindernd. Je weiter ich fortschreite, desto mehr bin ich von Gebrauchsgegenständen behindert [...]. Und zwar bin ich davon doppelt behindert: Erstens, weil ich sie brauche, um weiterzugehen, und zweitens, weil sie mir im Weg stehen. Anders gesagt: Je weiter ich fortschreite, desto mehr wird die Kultur gegenständlich, objektiv, problematisch.«[33]

Flussers Theorie läuft zumindest in diesem Punkt auf den Versuch zu, die Gestaltung tatsächlich narrativ, d.h., von erzählerischen Prozessen der Kultur her zu denken, in denen Gestaltung als reflexive Einheit geformt wird (und sich währenddessen auch oft genug selbst formt). Eine solche Theorie erfasst dabei Design als vermittelnde Erzählinstanz, man könnte auch sagen: als Medium. Das Medium steht hier im Spannungsfeld von Kulturerzählungen, denen es seine spezifische Gestalt verdankt. Ein Beispiel für diesen Effekt sind wiederum Gebrauchsgegenstände, die (etwa im Produktdesign) in der Regel auch im Zentrum gestalterischer Tätigkeit stehen. Bei ihnen, schreibt Flusser, stoße man auf Entwürfe anderer Menschen und also seien jene »Vermittlungen (Media) zwischen mir und anderen Menschen, nicht nur Gegenstände«; sie seien nicht nur objektiv, sondern auch intersubjektiv, nicht nur problematisch, sondern auch dialogisch und die die Gestaltung betreffende Frage lasse sich demnach auch so formulieren: »Kann ich meine Entwürfe so gestalten, damit das Kommunikative, das Intersubjektive, das Dialogische daran stärker als das Gegenständliche, das Objektive, das Problematische betont wird?«[34]

Vom Medium-Werden

Wenn die Frage der Gestaltung nach Flusser als Hindernis zum Abräumen von Hindernissen aufgefasst werden kann, lässt sich schlussfolgern: Indem Gebrauchsgegenstände entworfen werden (für Flusser: indem somit Kultur erzählt wird), werden Hindernisse in den Weg geworfen, bei denen das Objekt und nicht das Subjekt im Mittelpunkt steht; der Designer denkt dadurch erst an den entworfenen Gebrauchsgegenstand, nicht an dessen Nutzer. Der Ertrag von Flussers Durchgang durch die Kulturtheorie des Designs ist eine Rehabilitierung dieses Nutzers von Erzählgegenständen;[35] es handelt sich um die Einsicht, dass Design Orientierung am Gegenüber, am anderen Menschen finden muss, d. h. an Möglichkeiten, jenen zu begreifen und sich im Zuge dessen zu sich selbst zu verhalten. Damit liefert Flusser die Vorstellung eines Designs, das sozial zugewandt ist, das (im Sinne Jacques Rancières **x**) gemeinschaftlich ist und kommuniziert.[36]

x
Jacques Rancière
***1940**
Französischer Philosoph, dessen Arbeiten zur politischen Philosophie und zur Ästhetik nach wie vor großen Einfluss auf das Denken über Kunst und Medien haben. Die Designtheorie hat erst damit begonnen, sich mit Rancières Werk auseinanderzusetzen.

Dass sich Design auf spezifische Weise in der Spannung zwischen Kultur und Kommunikation bildet, lässt ermessen, dass Flussers Diktum eine Designkritik oder besser: Designerkritik **x** beinhaltet, dem sich jedes Design und jeder Designer mindestens zu stellen hat – als Ort der Selbstbefragung wie des Widerstands. Gestalterinnen und Gestalter erscheinen in dieser Sichtweise deshalb als »Menschen«, die »Gestalten auf Gegenstände entwerfen, um immer brauchbarere Gebrauchsgegenstände herzustellen« und diese Gegenstände »widerstehen diesen Entwürfen«: »Dieser Widerstand fesselt die Aufmerksamkeit der Gestalter. Er erlaubt den Gestaltern, immer tiefer in die gegenständliche, objektive, problematische Welt zu dringen, sie immer besser zu erkennen und zu beherrschen. Er erlaubt wissenschaftlichen und technischen Fortschritt.«[37]

x
Design(er)kritik
Zu diesem Thema hat die Jahrestagung der Deutschen Gesellschaft für Designgeschichte (DfDg) 2017 an der Hochschule für Gestaltung (HfG) Offenbach am Main stattgefunden (vgl. Siegfried Gronert / Thilo Schwer, Hg., *Designkritik. Theorie – Geschichte – Lehre*, Stuttgart 2018).

Dieser Fortschritt sei derart fesselnd, dass Gestalterinnen und Gestalter »dabei jenen anderen Fortschritt, nämlich ihr Fortschreiten in Richtung anderer Menschen, vergessen«; der wissenschaftliche und technische Fortschritt sei derart fesselnd, dass »jedes verantwortungsvolle Gestalten geradezu als Rückschritt erlebt wird«: »Die gegenwärtige Kulturlage ist so, wie sie ist, weil verantwortungsvolles Gestalten als rückschrittlich erlebt wird.«[38]

Flusser zeigt schließlich eine Konzeptualisierung und Typologie von Design, bei der die Idee vom Medium-Werden mittels Erzählen dadurch zur Anwendung kommt, dass der digitale Diskurs Berücksichtigung findet; Flusser korrespondiert darin explizit mit der bereits kurz geschilderten Erklärung des Begriffs Design [x]. Ablesen lässt sich diese Interpretation etwa an seiner Vorstellung des »Blicks des Designers«, der »so ein Scheitelauge (nämlich so einen Computer)« hat, »dank dem er Ewigkeiten sieht und behandelt.«[39]

In der konkreten Arbeit des Designers, der nicht mehr oder nicht mehr ausschließlich Skizzen zeichnend entwirft sowie nicht mehr oder nicht mehr ausschließlich reale Objekte entwerfend erschafft, wird der medial-erzählerische Effekt des Designs exponiert: »In allem derartigem Design kommt die eigenartige ästhetische Qualität des Verschwimmens mit der Umwelt, der Selbstauflösung zum Ausdruck.«[40] Zugleich findet sich eine derart motivierte Konzeption in Flussers Versuch, ein weiteres zentrales Wort des Designs zu erklären, das nicht zufällig wiederum an das wesentliche Übertragungsfeld digitaler Medien erinnert: das Netz, dem ein Entwurf gleicht, da Netze ausgeworfen werden, um Dinge und Umstände zu verändern. In diesem Bild sind die Fäden des Netzes die Regeln, nach denen etwas verändert werden soll: »In den Knoten kristallisiert sich der zu verwirklichende Entwurf.«[41] Und in der Verwirklichung eines solchen Projekts realisiert sich für Flusser letztendlich Design: »Durch die Umsetzung von Entwürfen werden Werte Wirklichkeit und erfährt die Wirklichkeit ihre Bewertung«[42].

x
Design
»Das italienische *disegno*, auf das der Begriff *Design* (fälschlicherweise) oft einzig zurückgeführt wird, bedeutet in der wörtlichen Übersetzung *Zeichnung* oder *Skizze* [...]. Das französische dessin stammt (wie *disegnare*) vom lateinischen *designare* ab und bedeutet *Zeichnung*, *Muster* [...], *Plan* oder *Entwurf*. [...] Die Einführung des englischen Begriffs *Design* in den deutschen Sprachraum wird angeblich Ludwig Mies van der Rohe in den 1930er-Jahren zugeschrieben, als es darum ging, für das deutsche Wort *Gestalt* eine englische Übersetzung zu finden. [...] Einerseits beschreibt [das Wort] den Prozess des bewussten Gestaltens einer Sache, andererseits dient er als Sammelbegriff für alle bewusst gestalteten Aspekte dieser Sache.« (Claudia Mareis, *Design als Wissenskultur. Interferenzen zwischen Design- und Wissensdiskursen seit 1960*, Bielefeld 2011, S. 25.)

x
Materialität
Das, was aus Materie besteht und physikalisch greifbar ist, das also den menschlichen Sinnen zugänglich ist (vgl. Angeliki Karagianni / Jürgen Paul Schwindt / Christina Tsouparopoulou, *Materialität*, in: Thomas Meier / Michael R. Ott / Rebecca Saue, Hg., *Materiale Textkulturen. Konzepte – Materialien – Praktiken*, Berlin 2015, S. 33–46, hier S. 33).

An anderer Stelle heißt es dazu, wenn »man die Gleichungen, in denen sich die Wissenschaften ausdrücken, in einen Computer füttert, dann wird auf dem Schirm das Weltbild der Wissenschaften erscheinen. Und zwar als einander kreuzende und überdeckende Drahtgeflechte«[43] – ein Gedanke, der Flusser als Ausgangspunkt dient, seine Vorstellung einer »*Materie*«[44] anzugeben und damit schließlich auch auf die Materialität x als weiteres wesentliches Design-Wort zu sprechen zu kommen,[45] wenn auch primär von deren Antonym die Rede ist.

Das Wort »materia« sei das Resultat des römischen Versuchs, den griechischen Begriff »hylé« ins Lateinische zu übersetzen und »hylé« meine ursprünglich »Holz«, und so etwas meine auch das Wort »materia«. Aber als die griechischen Philosophen zum Wort »hylé« gegriffen haben, sei dabei nicht an Holz im Allgemeinen gedacht worden, sondern an jenes Holz, das in Tischlerwerkstätten lagert – es ging darum, ein Wort zu finden, in dem ein Gegensatz zum Begriff »Form« (griechisch »morphé«) ausgedrückt werden kann: »hylé« drücke daher etwas Amorphes aus.[46]

Der Clou der Worterläuterungen Flussers besteht darin, dass die Welt, die Designerinnen und Designer gestalten und damit etwas erzählen, auf eine Welt der Erscheinungen (bewusst oder unbewusst) Bezug nehmen, hinter der ewige, unveränderliche Formen verborgen sind, »die wir dank dem übersinnlichen Blick der Theorie wahrnehmen können«.[47] Anders gesagt: Die materielle Welt ist für Flusser eine Täuschung und die dahinter verborgenen Formen als formale Welt sind die Wirklichkeit, die dank der Theorie entdeckt wird und zwar so, dass »erkannt wird, wie die amorphen Erscheinungen in die Formen fließen, sie füllen, um dann wieder ins Amorphe hinauszufließen.«[48]

Flussers Text präsentiert sich an dieser Stelle als die Privilegierung einer Designtheorie,[49] in der neben den Medien und dem Erzählen auch die Formen und die Materialien zu Eckpunkten der Betrachtung werden. Interessant ist, wie hier in einer theoretischen Erklärung Form und Materie als Grundlagen von Design hervorgehoben sind und dass daraus Rückschlüsse für die Designanwendung gewonnen werden können. Beispielsweise sei die Form das »Wie« der Materie und die Materie das »Was« der Form. Damit stelle Design eine Methode dar, der Materie Form zu verleihen (»und so und nicht anders erscheinen zu lassen«): Das Design zeige, wie alle kulturelle Artikulation, dass die Materie, »wie überall in der Kultur, die Art ist, wie die Formen erscheinen.«[50]

Die Wirksamkeit von Flussers designtheoretischer [x] Schrift beruht gleichzeitig wiederum darauf, auch in diesem Zusammenhang die »technischen« oder, wie es bei ihm auch heißt, die »synthetischen Bilder« (der fünften Phase seines Stufenmodells) herauszustellen. Es geht damit um solche Apparate, die es erlauben, »Algorithmen (mathematische Formeln) als farbige (und womöglich bewegte) Bilder auf Schirmen aufleuchten zu lassen.«[51] Entwerfen ist für Flusser darin ein digitaler Moment. Es geht ihm nicht um geometrische Zeichnungen und auch nicht um die Konstruktion von Objekten wie Flugzeugen: »Denn im ersten Fall geht es darum, Formen für künftig darin aufzufangende Stoffe zu entwerfen« und »im zweiten Fall geht es um *reine* platonische Formen.«[52] Synthetische Bilder sind nach Flusser »stoff-freie« bzw. »leere« Formen,[53] die gefüllt werden können: mit Inhalten ebenso wie mit Bedeutungen. Genau diese Funktion übernehmen Erzählungen im und durch Design in einer jeweils unterschiedlichen kulturellen Situation.

x
Designtheorie
Betrifft die wissenschaftliche Auseinandersetzung mit Erscheinungen der Gestaltung, die trotz ihrer Theoriegebundenheit anwendungsbezogen ist; mit ihr soll Designarbeit methodisch analysiert, konzeptionell strukturiert, strategisch entwickelt und interdisziplinär reflektiert werden.

Kultur mit Design erzählerisch formen

Design stellt diese Frage nach der Kultur, d.h., nicht mehr danach, »vorhandenen Stoff zu formen, um ihn zum Erscheinen zu bringen«; im Design geht es vielmehr darum, »einen aus unserer theoretischen Schau und unseren Apparaten hervorquellenden und sich übersprudelnden Strom von Formen mit Stoff zu füllen, um die Formen zu ›materialisieren‹«, und nicht mehr darum, »die scheinbare Welt des Stoffs nach Formen zu ordnen«, sondern darum, »die vorwiegende, in Zahlen verschlüsselte Welt der sich unübersehbar vermehrenden Formen scheinbar zu machen«; nicht mehr darum, »die gegebene Welt zu formalisieren«, sondern darum, »die entworfenen Formen zu alternativen Welten zu realisieren.«[54] Der kritische Kern dieser Bestimmung von Design liegt in der Mobilisierung der Realisierung von Entwurfsformen durch eine Kultur, die vom Werden der Dinge durch erzählerische Gestaltung handelt.

In vier Hinsichten besitzt ein solches »Storytelling für Designer« methodische Attraktivität für brennende Fragestellungen der Designpraxis [x] :

x
Designpraxis
Umfasst die tatsächliche Ausführung, das Handeln und die konkrete Wirklichkeit von Gestaltung. Oft kommt es in ihr zu implizitem Wissen, das auf Erfahrung beruht. Komplettiert wird sie dabei von einer theoretischen Rückbesinnung, die aber keineswegs besser sein will, die jedoch auch nicht schlechter ist.

1. Sein intermedialer ˣ Charakter unterscheidet es von solchen Auffassungen, die die medienaffine Tiefenschicht eines Designs meist ausblenden bzw. vernachlässigen und so die Konzeption neuer Gestaltungen und Produktionen nicht gerecht werden, die ebenso neue Rezeptionen ermöglichen.[55]

x
Intermedialität
Die Beziehung zwischen Medien, die diese miteinander verbinden, trennen bzw. auch Mediengrenzen überschreiten kann (siehe dazu das Kapitel »Erzähltexturen«, S. 61 ff.).

2. Sein interkultureller ˣ Charakter zielt auf die Überschreitung von Designprozessen hinter traditionellen Praktiken, etablierten Auffassungen und gelebten Positionen, denn es beschreibt in hypothetischen und zu untersuchenden Szenarien dasjenige, was zwischen diesen Praktiken, Auffassungen und Positionen liegt: ihren »Dialog«.[56]

x
Interkulturalität
Das Verhältnis des Austauschs zwischen Kulturen, das sich auf Sprache, Gestik und Mimik, Aussehen, Verhalten und auch das Denken beziehen kann (siehe dazu wiederum das Kapitel »Erzähltexturen«, S. 61 ff.).

3. Der semiotische ˣ und aus kommunikativen Überlegungen gespeiste Rahmen dieses erzählerischen Designs erlaubt die Betonung von Phänomenen, die im Herzen jeder grundsätzlichen Gestaltung liegen sollten: Kultur als Text bzw. als Zeichen, Visualität, Haptik, Schönheit (um nur einige wenige zu nennen).[57]

x
Semiotik
Die Theorie der Zeichen, die sich in Bildern, Formeln, Kommunikation usw. auffinden lassen.

4. Gegenüber strikten Verfahren mit starken historiografischen ˣ Begründungsprogrammen (die zweifellos ihre Berechtigung und Geltung haben) ist diese Sichtweise auf Design mit seinem intermaterialen / -materiellen Charakter dann zu bevorzugen, wenn es um das Zusammenspiel der Materialien geht; Erzählen besitzt hier eine traditionsentbundene oder innovierende Prämisse, aber kein rein artistisches Geländer.[58]

x
Historiografie
Die Darstellung von geschichtlichen Ereignissen, die eine Geschichtsschreibung bilden und historische Erkenntnisse vermitteln.

Unter dem Schlagwort der »Narratologie« – im Allgemeinen verstanden als eine Theorie des Erzählens – haben sich zahlreiche Ansätze versammelt, die sowohl etablierte wie auch neue Erzählweisen mit vielfältigen Umsetzungsmöglichkeiten erklären. Für das Design ergibt sich in diesem Spektrum eine Auswahl an Anhaltspunkten, die auf ihren Stellenwert für gestalterische Anwendungen hin vorgestellt werden können. Aus ihnen stellen sich Herausforderungen an Design-Autorinnen und -Autoren, nicht allein Kommunikation und Information zu konzipieren und zu gestalten, sondern auch zukunftsweisend zu realisieren – im Team mit Technik und Wirtschaft.

Erzählung und Erzählen

x
Gérard Genette
*1930
Französischer Literaturwissenschaftler und bedeutsamer Erzähltheoretiker, der innerhalb der Denkströmung des sogenannten Strukturalismus einschlägige Begriffe zur Beschreibung narrativer Phänomene geprägt hat, darunter u. a. die Diegese, die Fokalisierung etc.

x
Erzählung
Eine Form der Darstellung von Ereignisabfolgen bzw. Geschehnissen, die in divergenten Medien und Medienumgebungen erfolgen kann, d. h. primär mündlich oder schriftlich. Die professionelle Fähigkeit, mittels Erzählungen Geschichten zu gestalten, kann als eine grundlegende Fähigkeit von Designerinnen und Designern aufgefasst werden.

Nach Gérard Genette x umfasst der Begriff der Erzählung x drei verschiedene Bedeutungen: Die »narration«, verstanden als Akt des Erzählens durch die Figur des Erzählers, den »discours«, verstanden als visuelles oder sprachliches Produkt der Erzählung, und die »histoire«, die die Geschichte bezeichnet, die innerhalb der Erzählung vermittelt wird.[59] Durch diese Abgrenzung des Begriffs kann eine Unterscheidung zwischen dem Erzählen als Tätigkeit und der Erzählung als Produkt getroffen und ebenfalls berücksichtigt werden, dass eine Geschichte in mehreren Erzählungen auf unterschiedliche Weise vermittelt werden kann. Die Geschichte und die Narration (= der Akt des Erzählens) werden durch die Erzählung dargestellt und die Erzählung ist nur dann eine solche, wenn sie eine Geschichte vermittelt und zudem selbst erzählt wird, da andernfalls kein »narrative[r] Diskurs«[60] zustande käme.

Die Verunsicherung, die entsteht, wenn man im Deutschen von Erzählung und Erzählen spricht, hängt damit zusammen, dass diese Begriffe eng verknüpft sind.[61] Gemeinsam ist ihnen, dass sie durch ihre »Mittelbarkeit«[62] bestimmt sind, d.h., dass ein (mal mehr, mal weniger deutlich) identifizierbarer Erzähler die Vermittlung der Geschichte übernimmt. Die unmittelbare Wiedergabe durch eine Erzählerfigur wird als »diegetischer Modus« bezeichnet; werden die Geschehnisse primär durch Handlungen der Charaktere gezeigt, spricht man von einem »mimetischen Modus«.[63] Gleich wie die Vermittlung jedoch erfolgt, es gilt die Faustregel: Die Erzählung wird durch den Erzähler zeitlich umgeformt, organisiert und einer bestimmten Zeit sowie einem Ort zugeordnet, wodurch es auch möglich ist, die Erzählung beispielsweise mit ihrem Ende beginnen zu lassen und die Ereignisfolge rückblickend wiederzugeben.[64] In diesem Zusammenhang entsteht der Unterschied zwischen der »Erzählzeit« und der »erzählten Zeit«:[65] So kann etwa die Kindheit des Protagonisten in zwei Sätzen formuliert oder in wenigen Filmeinstellungen vermittelt werden.[66] Das bedeutet, dass zwischen dem Geschehen und dem Erzählen des Geschehens in der Regel eine zeitliche Differenz besteht, innerhalb derer die Erzählung durch den Akt des Erzählens wiedergegeben wird.

Erzählung vs. Geschichte

Das einzelne Geschehnis x , das noch nicht geordnet oder selektiert worden ist, ist die Basis einer Geschichte; durch die Anordnung als Ereignisse – meist nach Ursache und Wirkung – werden sie zu einer »histoire« verknüpft. Innerhalb der Erzählforschung besteht Uneinigkeit darüber, ob eine Geschichte bereits durch eine Abfolge von Ereignissen gegeben ist oder hierfür eine menschliche oder menschlich wirkende (»anthropomorphe«[67]) Hauptfigur benötigt wird. Durch die Kausalität der Geschehnisse wird allerdings ein dramaturgischer Zusammenhang geschaffen, ein Rahmen, in dem sich die Ereignisse voneinander abheben, Spannung durch einen Konflikt erzeugen und auf ein Ende zuführen.[68] Zu diesem Zweck kann der Erzähler die Geschichte auf verschiedene Arten strukturieren und modellieren, sodass sie schließlich zur Erzählung wird. Hierzu gehört u. a. die Möglichkeit, dass Geschehnisse ent- oder sogar verzerrt und hierdurch bestimmte Ereignisse betont werden können.

x
Geschehen
Das, was sich abspielt und beobachtet werden kann, das »vor Augen tritt«.

Geschichten besitzen also die Eigenschaft, nicht nur in ihrer Form, sondern auch in dem sie darstellenden Medium veränderbar zu sein; sie sind in andere Medien und letztendlich auch in andere Gestaltungen übertragbar, wobei dennoch ihre ursprünglichen erzählerischen Strukturen und Inhalte erkennbar bleiben. Durch diese Übertragbarkeit von einem Medium in ein anderes bzw. in unterschiedliche Designarten können Geschichten als eine Art Universalschlüssel gestalterischen Tuns angesehen werden. Für ein Grundverständnis und eine Identifizierung desjenigen, was auf diesem Weg geschieht (was also aus einer Geschichte eine Erzählung macht), ist ein Verständnis der bereits erfolgten und im Anschluss noch weiter zu differenzierenden Ableitungen notwendig, allen voran: die nochmals nähere Erschließung des sogenannten Narrativen.

Das Narrative

Die fundamentale Einsicht der Erzähltheorie (welcher Provenienz auch immer) gründet in der Unterscheidung zwischen dem Inhalt eines narrativen Textes und der Darstellung dessen, was sich als mediengebundene Manifestation einer abstrakten Geschichte versteht.[69] Genettes Auffassung jenes narrativen Gewebes aus Erzählung, Geschichte und Narration bietet auch hierfür wichtige Hinweise: Zwischen narrativem (strukturiertem) Inhalt, der reale und fiktive Handlungen umschließt, und dem performativen Akt des Erzählens, der durch einen fiktiven Erzähler »die Präsenz« eines »Mittlers zwischen dem Autor und der erzählten Welt« herstellt, wird »das Spezifikum des Narrativen« hervorgebracht.[70]

x
Oberflächen- und Tiefenstruktur
Jede Erzählung hat einen Inhalt und verweist zugleich auf die Art und Weise, wie dieser dargestellt wird. Das Bewusstsein dieser Doppelstruktur ist der wesentliche Ausgangspunkt, um sich mit dem Erzählen jenseits des alltäglichen Umgangs sinngerichtet auseinanderzusetzen.

Man kann dazu auch zwischen dessen Oberflächen- und einer Tiefenstruktur x unterscheiden; etabliert hat sich in diesem Zusammenhang aber die Differenzierung zwischen dem »Wie« (= Darstellung) und dem »Was« (= Inhalt) einer narrativen Erscheinung.[71] Die Erfordernisse deren inhaltlicher Struktur liegen im Einsatz von Ereignis, Akteur, Zeit und Raum. Ein Ereignis ist das Resultat von Handlungen, die sich aus einem kausal-logischen Zusammenhang der Akteure erschließen und eine Beziehung zu den Faktoren Zeit und Raum aufweisen. Entstehende Ereignisse weisen Interdependenzen und dementsprechend eine Ursache-Wirkung-Beziehung auf. Diese wechselseitige Bedingtheit der Ereignisse ist eines der bedeutsamsten Kriterien des Narrativen und damit auch des Erzählens schlechthin.

Zu den Minimalbedingungen einer Narration gehört die Transformation einer Ausgangssituation, aus der sich ein neuer Zustand bzw. eine Endsituation erschließt. Diese Transformation erfordert keine explizite, sondern lediglich eine implizite Darstellung und ist an eine zeitliche Sequenz gebunden. Beide Zustände sind an die Bedingung ihrer Interdependenz geknüpft, wobei der Gesamtprozess durch eine Vermittlungsinstanz (= Erzähler) repräsentiert ist.[72] Von reiner Beschreibung (= Deskription) unterscheidet sich das Narrative also durch die Ereignisordnung, Ereignisdauer und Ereignisfrequenz der abstrakten Geschichte, die im Vermittlungsprozess eine Reorganisation erfährt, sowie durch jene doppelte Zeitachse, die sich in einer Verdichtung und Streckung der Zeit sowie in Wiederholungen von Elementen ergibt.[73]

Dem Narrativen liegt also eine temporale Struktur zugrunde, die Veränderungen darstellt.[74] Anders formuliert: Narrationen beschreiben nicht allein Zustände, sondern sie verändern diese in spezifischem und für den jeweiligen Anlass angepasstem Vorgehen. Gleichwohl kann eine Erzählung nur als untrennbare Verflechtung narrativer und deskriptiver Elemente betrachtet werden, da eine Transformation Zustände voraussetzt. Die scheinbare Dichotomie zweier Extreme verliert hierbei an Trennschärfe.

Eine weitere Einflussgröße auf den Diskurs des Narrativen ist die Diskussion über fiktionale und faktuale [x] Elemente einer Erzählung. Fiktionale Elemente sind gegenüber faktualen (= wirklichen) Elementen gedankliche Konstruktionen, für die eine Verifizierbarkeit und ein Wirklichkeitsbezug zumindest in Abrede gestellt werden kann.[75] Die Erzählung eines faktualen Elements ist daher wenigstens als fiktional zu bewerten. Zu beachten bleibt, dass auch die Verknüpfung faktualer Elemente als narrativ bezeichnet werden kann. Faktuale Elemente sind entsprechend nicht mit deskriptiven Modi zu verwechseln, da auch ein fiktionales Element zugleich deskriptiver Natur sein kann.[76] Beide Elemente werden im Erzählen eingesetzt, indem sie zeitlich und räumlich organisiert werden.

x
Fiktionalität vs. Faktualität
Fiktionalität: der Umstand, dass Gebilde wie Erzählungen keinen Anspruch auf Überprüfbarkeit in einer außersprachlichen Wirklichkeit haben (sie sind mithin erfunden);
Faktualität: sogenannte Wirklichkeitsberichte, die über reale Tatsachen und Geschehnisse informieren.

Die Zeit der Erzählung

Die zeitliche Organisation einer Erzählung beruht auf der Differenzierung von Ordnung, Dauer und Frequenz. Diese kann als Chronologie oder umgekehrt als Anachronie erfolgen und ist somit an die zeitlichen Dimensionen von Vergangenheit und Zukunft gebunden; in Narrationen manifestiert sie sich als »Analepse« (= Rückwendung) oder »Prolepse« (= Vorausdeutung). D.h., sie ermöglicht entweder einen neuen Horizont des Verstehens, indem bis zu einem Zeitpunkt rezipierte Ereignisse über die Kopplung an ein neues Ereignis retrospektive Verknüpfungen entstehen lassen, die den Sinn und das Verständnis der Geschichte neu konstituieren. Oder sie öffnet den Blick für in der Zukunft liegende Elemente der Geschichte und bedingt dadurch verstärkt Antizipationen des Handlungsverlaufs.[77]

In bestimmten Gestaltungen kommt die Möglichkeit hinzu, »die Gleichzeitigkeit des Ungleichzeitigen«[78] zu versuchen, indem unterschiedliche Zeitdimensionen miteinander montiert werden. Die Dauer einer Erzählung korreliert mit den Bedingungen von Erzählzeit und erzählter Zeit einer Erzählung; es ist schließlich von entscheidender Bedeutung, welchen Zeitraum der diegetische Raum (= die erzählte Welt) entfaltet;[79] dieser ist an ein Zeit-Erleben innerhalb der Narration gekoppelt, das von der Situation bzw. der Situiertheit des Rezipienten der Erzählung im realen Raum vehement zu unterscheiden ist.[80]

Die Relation von Erzählzeit zu erzählter Zeit [x] manifestiert sich im Erzähltempo. Hieraus ergeben sich die Gestaltungsmöglichkeiten über die Zeitdeckung, Zeitdehnung und Zeitraffung. Die Zeitdeckung eignet sich für die Erläuterung von Ereignisabläufen, die zwingend als Gesamtprozess zu betrachten sind.

x
Erzählzeit vs. erzählte Zeit
Erstgenannte bezeichnet die Zeit, die der Rezipient des Erzählens benötigt, um jenes wahrzunehmen; Zweitgenanntes bezeichnet die Zeitspanne, die ein erzähltes Werk beinhaltet, also die fiktive Zeitspanne oder Dauer des erzählten Geschehens.

Eine Zeitraffung ermöglicht die Überbrückung von geringfügig relevanten Ereignissen ohne Verständnisverlust des Zusammenhangs beim Rezipienten. Über den Einsatz der Zeitdehnung lassen sich wichtige und relevante Ereignisse in ihrer Bedeutung erhöhen, wodurch die Immersion der Rezipienten und die Fähigkeit der Memorierbarkeit von Botschaften gefördert werden. Die dabei entstehende deskriptive Pause ermöglicht ein Innehalten des Rezipienten, was einer Komplexitätsreduktion dienlich ist und die Erzählzeit streckt. [81]

Montageprozesse erlauben jedoch eine Verschaltung der Gestaltungsparameter innerhalb einzelner zeitlicher Einstellungen einer Erzählung (bzw. zwischen ihnen), was eine Rhythmisierung bedingt und unabdingbar für eine Erzählung ist;[82] die Erzählzeit ist dann variabel, was nicht zuletzt mittels der Frequenz des Erzählten realisierbar wird. Diese erschließt sich aus der Betrachtung des Verhältnisses zwischen der »Zahl der Wiederholungen eines Ereignisses im Rahmen des erzählten Geschehens und der Zahl der Wiederholungen seiner Darstellung im Rahmen der Erzählung.«[83] Innerhalb der Betrachtung der Frequenz sind drei Wiederholungsbeziehungen auszumachen: Die »singulative Erzählung« entspricht in Wiederholung und Repräsentation einem 1:1-Verhältnis, wohingegen sich die »repetitive Erzählung« in der mehrmaligen Wiederholung eines Ereignisses versteht. Die einmalige Erzählung eines sich wiederholenden Ereignisses ist die »iterative Erzählung«.[84] Genette betont, dass sich wiederholende Ereignisse nie identisch sind, sondern lediglich hinsichtlich des Abstraktionsgrades und der Eliminierung des Individuellen beim Rezeptionsprozess als identisch betrachtet werden.[85]

Der Raum der Erzählung

x
Verknüpfungen
»[S]tatt den Raum als eine Art Äther, in dem die Dinge baden, oder abstrakter als einen allen Dingen gemeinsamen Charakter vorzustellen, müssen wir ihn als das universale Vermögen ihrer Verknüpfung denken.« (Maurice Merleau-Ponty, *Phänomenologie der Wahrnehmung* [1945], aus dem Franz. v. Rudolf Böhm, Berlin 1966, S. 284.)

x
Jurij M. Lotman
1922–1993
Russischer Literaturwissenschaftler und Zeichentheoretiker, der Kultur als ein System von Zeichensystemen beschrieben hat; für die Erzähltheorie hat er einen wesentlichen Beitrag durch die Formulierung einer »Raumsemantik« beigetragen.

Dem Verständnis des diegetischen Raums und dessen zeitlicher Dimensionen entspricht Flussers Verständnis des virtuellen Raums, der diesen als »Noch-nicht-Raum, in welchem Noch-nicht-Wirklichkeiten ihre Noch-nicht-Zeit verbringen[,]«[86] beschreibt. Räumliche Spezifikationen beeinflussen die Konstitution des Narrativen; sie schaffen ein Raumerleben, das Verknüpfungen x, Logiken und Verständnisse des Erzählten beinhaltet. Die grundsätzliche Struktur einer Erzählung lässt sich in dieser räumlich orientierten Perspektive nach Jurij M. Lotman x als zusammenfassende Paraphrase einer Handlung auffassen, als globalen Raum, der drei notwendige Elemente umfasst: 1) ein semantisches Feld bzw. eine erzählte Welt, die in zwei komplementäre Untermengen aufgeteilt ist; 2) eine Grenze zwischen diesen Untermengen, die im vorliegenden Fall nur für den die Handlung tragenden Helden permeabel ist; 3) der Held, der die Handlung trägt.[87]

Überschreitet der Held die Grenze zwischen den beiden Teilräumen, entsteht ein »Sujet«, wobei sich der Gegensatz der Teilmengen auf topologischer, semantischer und topografischer Ebene entfaltet: »Topologisch«, sagt die Erzähltheorie, »ist der Raum der erzählten Welt durch Oppositionen wie hoch vs. tief, links vs. rechts oder innen vs. außen differenziert.«[88] Diese »topologischen Unterscheidungen« werden dabei mit »nicht-topologischen semantischen Gegensatzpaaren verbunden, die häufig wertend sind oder zumindest mit Wertungen einhergehen« (z. B. gut vs. böse, vertraut vs. fremd, natürlich vs. künstlich), wodurch schließlich die »semantisch aufgeladene topologische Ordnung durch topographische Gegensätze der dargestellten Welt konkretisiert« wird (z. B. Berg vs. Tal, Stadt vs. Wald, Himmel vs. Hölle).[89]

Aus dieser Sicht kann es beispielsweise vorkommen, dass, sobald sich eine Figur innerhalb der Erzählung einer anderen räumlich annähert (d.h. ,als eine räumliche Überschreitung in Erscheinung tritt), sich der Ort der Handlung als räumliches Kontinuum bzw. nach Lotman zu einem »Gesamt-Topos mit Struktur« realisiert.[90] An diesem Punkt erweist sich die Unterscheidung von Sujet und Ereignis in Lotmans Theorie als entscheidend für ein Verständnis des erzählerischen Raums.[91] Als Antwort auf die Frage, was ein Ereignis als Einheit des Sujetaufbaus sei, heißt es bei Lotman, ein Ereignis sei »die Versetzung einer Figur über die Grenze eines semantischen Feldes«, woraus folgt, dass »keine einzige Beschreibung irgendeiner Tatsache oder Aktion« als »Ereignis oder Nichtereignis definiert werden kann«,[92] solange die Frage nach ihrer Stellung in dem entsprechenden Feld unbeantwortet ist. Diese Stellung kann geordnet sein; sie kann sich in einer Hierarchie von Ereignissen ausdrücken, die eine Kette bilden, die dann ein Sujet sind: »In diesem Sinne kann das, was auf der Textebene einer Kultur ein Ereignis darstellt, in irgendeinem realen Text zum Sujet entfaltet sein.«[93]

Ein so verstandenes Sujet ist für Lotman nicht etwas Unabhängiges, das unmittelbar aus der Lebenserfahrung oder passiv aus der Tradition übernommen wird; das Sujet hängt für ihn vielmehr organisch zusammen mit dem Weltbild, das den Maßstab dafür liefert, was ein Ereignis ist und was nur eine Variante, die nichts Neues bringt.[94] Das Ereignis wird hierbei gedacht als »etwas, was geschehen ist, obwohl es auch nicht hätte zu geschehen brauchen«: »Je geringer die Wahrscheinlichkeit ist, daß ein bestimmtes Ereignis eintritt, desto höher rangiert es auf der Skala der Sujethaftigkeit.«[95] Sujethaft werden Erzählungen insofern, wenn Helden auf den verschiedenen Teilebenen der Teilräume beweglich sind, denn die Bewegung des Sujets, das Ereignis [x], ist nach Lotman die Überwindung jener Verbotsgrenze, die von einer sujetlosen Struktur festgelegt ist.[96]

x
Ereignis
Meint hier ein Konzept, das eine narrative Struktur in einer räumlichen Grenzüberschreitung konstituiert respektive ermöglicht. Unterschieden werden können normale Ereignisse und Metaereignisse: Einmal bleibt dabei die Ordnung der Welt intakt, das andere Mal wird die Ordnung der dargestellten Welt in einen neuen Zustand transformiert.

Einfacher gesagt: Das Sujet ist die Entfaltung eines Ereignisses im Überschreiten einer räumlichen Grenze (Lotman würde sagen: einer semantischen Grenzlinie).[97] Der Minimaldefinition des Narrativen entsprechend ist das Ereignis mithin als Transformation eines Zustandes zu begreifen. Ein Ereignistypus untergliedert sich in Handlung und Geschehnis, wobei diese Differenzierung ihre Erklärung in der Aktivität bzw. Passivität der Akteure findet. Die Handlung entspringt einer der Motivation entsprechenden Intention, die von bewussten und unbewussten Anteilen des Denkens der Protagonisten ausgeht.[98] Ein Ereignis kann sowohl statisch wie dynamisch sein, wobei ein statisches Ereignis dem Zustand gleichzusetzen und die Dynamik analog zur Handlung zu betrachten ist.[99]

Praxisbeispiel
Gegen die Wand, Film, Deutschland / Türkei 2004, 116 Min., Darsteller: Birol Ünel (Cahit Tomruk), Sibel Kekilli (Sibel Güner) u. a., Regie: Fatih Akin, Drehbuch: Fatih Akin, Produktion: Stefan Schubert / Ralph Schwingel, Musik: Div., Kamera: Rainer Klausmann, Schnitt: Andrew Bird, Produktion: Wüste Filmproduktion in Koproduktion mit NDR / arte und Corazón International, FSK: ab 12 J. / empfohlen ab 14 J., Kinoverleih: Timebandits Films. Drehbuch: Fatih Akin, *Gegen die Wand. Das Buch zum Film. Drehbuch / Materialien / Interviews*, Köln 2004.

Dieser Erzählmechanismus kann am Beispiel von Fatih Akins Film *Gegen die Wand* kurz veranschaulicht werden. In diesem bildet die Oszillation der Figuren zwischen türkischer Hochkultur und deutsch-türkischer Subkultur den Anlass eines Ereignisses. Indem die eine Hauptfigur Cahit die andere Hauptfigur Sibel schein-heiratet, kommt es zu einer Art semantischem Grenzverkehr: Langsam beginnt die lebenshungrige Sibel Cahit zu gefallen; sie gehen gemeinsam aus und plötzlich macht es ihn eifersüchtig, dass seine Frau die Nächte mit anderen Männern verbringt, und allmählich spürt auch Sibel, dass sie mehr für ihren Mann empfindet; sie kommen sich näher, doch aus Angst um ihre neu gewonnene Freiheit schreckt sie vor dem letzten Schritt zurück.

Diese Annäherung erschüttert die bisherigen Welten beider Protagonisten: Cahit erschlägt nach einer Provokation im Affekt einen Liebhaber von Sibel und muss eine Gefängnisstrafe abbüßen. Sibel verspricht, auf ihn zu warten, wird allerdings, weil sie durch ihre Untreue Schande über ihre Familie gebracht habe, verstoßen. Zuflucht findet sie in der Türkei bei ihrer Cousine Selma – der semantischen und topologischen Überschreitung folgt also auch die topografische, jedoch nicht in der ländlichen Herkunftsregion der Eltern, sondern im modernen, großstädtischen, westlich orientierten Istanbul.

Zwar begehrt Sibel dort anfangs gegen den neuen Raum auf, von dem sie sich bereits in Deutschland durch die Scheinehe zu befreien gesucht hat (Sibel konsumiert Drogen, wird vergewaltigt und auf offener Straße zusammengeschlagen und niedergestochen). Doch fügt sie sich am Ende darin ein, führt ein neues Leben mit Freund und Tochter in Istanbul. Nach Cahits Haftentlassung reist er Sibel nach und gelangt ebenfalls nach Istanbul.

Sujethaft ist Akins Film insofern, dass beide Helden auf den verschiedenen Teilebenen der Teilräume beweglich sind. Wenn man das Sujet als Entfaltung eines Ereignisses versteht – als Übergang über eine semantische Grenzlinie –, wird seine Umkehrbarkeit einsichtig. Das Innen und Außen, jene Kategorien, die Akins Regieanweisungen im Drehbuch konzeptionell durchgängig kennzeichnen, evozieren für die Figuren Cahit und Sibel Verschiebungen, Zerstörungen und erneute Befestigungen von Grenzen, die sich als statisch und zugleich dynamisch erweisen; als Linie, die Differenz markiert und als Schwelle, die Veränderung möglich macht.

Die erneute Begegnung zwischen Cahit und Sibel in Istanbul macht diesen Prozess eines interkulturellen Erzählens einsichtig. Nach einem ersten vorsichtigen Treffen, bei dem Cahit Sibels Veränderung auch äußerlich auffällt, vermischen sich noch einmal die Grenzen, die am Ende von beiden nun diametral entgegengesetzt symbolisiert werden. Während Sibel in der modernen Hochkultur der Türkei ihren neuen Teilraum gefunden hat, bleibt dies Cahit vorerst ebenso verwehrt wie er am Schluss vergeblich darauf wartet, dass Sibel mit ihm nun ein neues Leben beginnt – trotz eines sexuellen Zwischenspiels zwischen beiden, bei dem Sibel kurzzeitig in ihre alte Identität zurückfällt. Bezeichnenderweise zeigt die Kamera die Begegnung zwischen beiden an einem öffentlichen Schauplatz als unterkühltes, distanziertes Aufeinandertreffen, während die spätere sexuelle Vereinigung beider in einem abgeschlossenen Hotelzimmer stattfindet. Eine Schlussszene des Films zeigt schließlich die Bewegung des einen Helden in einen unbekannten Raum an, der allerdings durchaus im neuen Teilraum der Türkei situiert sein kann.

Über Erzählweisen

Aufhebungen und Brüche im Erzählten

Brüche und Störungen im Verlauf einer Erzählung sind – trotz aller schematisch-modellhaften [x] Überlegungen – nicht nur möglich, sondern in vielen Fällen notwendig, da die erzählten Ereignisse nicht immer zwingend aufeinander aufbauend oder kausal verbunden sind, sondern durch ein gemeinsames Thema. Dadurch sind die Ereignisse voneinander unabhängig und funktionieren für sich allein; ihr Zusammenhang ist dann vielmehr ein episodisch-serieller, der keine feste Reihenfolge benötigt.

x
Schema und Modelle des Erzählens
werden im folgenden Kapitel anhand dreier wichtiger Beispiele näher vorgestellt. Zu beachten bleibt, dass diese zwar eine Orientierung zum Erzählen bieten, aber nicht als starre oder endgültige Vorgaben aufgefasst werden sollten.

Neben der Kausalität kann dazu auch die Finalität der Ereignisse aufgehoben sein, d.h., die Handlung strebt nicht unbedingt auf ein bestimmtes Ziel zu und durch dieses fehlende Ziel bzw. die fehlende Zielerfüllung endet sie auch nicht in der Katharsis [x]. Die Helden können zwar Ziele und Wünsche haben und verfolgen; sie sind jedoch nicht in der Lage, diese aktiv durch ihr Handeln zu erreichen. Vielmehr ist es möglich, dass auch die sie umgebenden und sie bedingenden Umstände gewissermaßen tätig werden und tätig sind. Auf diese Weise wird Spannung nicht durch die Frage der Zielerreichung erzeugt, sondern durch die Präsentation der Geschehnisse. Aus diesem Grund kann das Ende der Erzählung auch abrupt oder offen sein.

x
Katharsis
Die Reinigung von bestimmten Affekten insbesondere in einem dramatischen Text. So kann der Zuschauer, indem er z.B. Rührung, Schrecken, Mitleid oder Furcht auf der Bühne dargestellt sieht, selbst geläutert werden, d.h., gleichsam seine Seele reinigen.

Das im folgenden Kapitel skizzierte Aristotelische Konzept der Einheit von Zeit, Handlung und Ort ist in solchen Fällen aufgehoben. Die Handlung offenbart stattdessen eine große Vielfalt in der Darstellung verschiedener Orte und Räume. Dadurch wird naturgemäß Abwechslung erreicht. Die Differenz von Erzählzeit und erzählter Zeit kommt auch hier zum Tragen; die Vermittlung der Zeitformen wird von einem mittelbaren Erzähler vorgenommen. Zeitsprünge sind fester Bestandteil und mithin das Prinzip des Erzählens.

Epische Breite und Heldenrolle

Vor allem in der epischen Erzählung [x] können meist mehrere gleichberechtigte Handlungsstränge identifiziert werden, die nebeneinander oder aufeinanderfolgend angeordnet werden können. Dieses Phänomen einer »Extensifikation« bzw. einer epischen Breite »macht« die Struktur der erzählten Geschichte. Indem der Fokus nicht auf einer Haupthandlung liegt, ergeben sich ein langsamer und weniger konzentriert aufgebauter Spannungsbogen, ein langsameres Erzähltempo und eine möglicherweise objektivere Betrachtung der Handlung, sodass auch die Distanz zu den Handlungen und Figuren größer erscheint. Es handelt sich sozusagen um Ruhepausen vom Geschehen, die zuvor aufgebaute Spannungs- und Erregungszustände ausgleichen.

x
Epik
Neben Lyrik und Dramatik einer der drei großen Grundgattungen der Literatur.

Die dargestellten Geschehnisse können zufällig oder unglaubwürdig, sonderbar und übertrieben erscheinen; besonders durch das Voranbringen der Handlung mithilfe von Zufällen wird hier der Einfluss des Erzählers stärker bewusst. Dennoch dürfen sich Ungereimtheiten nur inhaltlich auf die gezeigten Ereignisse beziehen, nicht aber auf die Art ihrer Darstellung und Vermittlung.

Der Charakter einer Figur kann über das Begehren, das sie in der Geschichte empfindet, vermittelt werden. Dazu gibt es vier grundsätzliche Motivationen: Den Verlust, die Bedrohung, das Verlangen und die Schuld. Ist die Figur durch kein Begehren gekennzeichnet, kann sie als übernatürliches Wesen oder als von der Realität entfremdet charakterisiert werden. Die Nebencharaktere einer Erzählung agieren, sofern sie keine allgemein dramaturgische Funktion erfüllen, oftmals passiv und haben keinen Einfluss auf ihr Schicksal und den Verlauf der Geschichte. Häufig werden sie in einer Situation gezeigt, in der sie mit Umständen konfrontiert werden, die sie nicht verändern können. Wenn die Lösung eines Konflikts eintritt, kann dies ohne die Beteiligung dieser Protagonisten zustande kommen.

Weitere Heldenfiguren, die nicht dem klassischen Helden entsprechen, können der widerwillige Held und der Anti-Held sein. Der Widerwillige entschließt sich nicht selbst dazu, heldenhaft zu handeln, sondern wird durch die Umstände dazu gezwungen. Der Anti-Held möchte nicht nur die Rolle des Helden nicht einnehmen, sondern seine Wesenszüge bedeuten das genaue Gegenteil des klassischen Helden. Erlebt der Protagonist der Erzählung keine Charakterentwicklung und Veränderung, verändert sich oftmals seine Umwelt. Dass statt des Protagonisten Nebenfiguren aktiv handeln und dadurch die Erzählung voranbringen können, versteht sich von selbst.

Eine weitere Möglichkeit zur Einführung einer geradezu ziellosen Figur, die keine Charakterentwicklung durchlebt, bietet die dramaturgische Konstruktion einer dominanten Figur; hier muss die dominante Figur nicht zwangsläufig Charaktereigenschaften eines klassischen Helden besitzen, da diese Funktion von einer zweiten Figur übernommen wird.

Durch sie entsteht die Struktur der Erzählung, indem diese die Handlung nun ihrerseits durch ein zielorientiertes, aktives Handeln voranbringt und wichtige Wendepunkte auslöst. D.h., sie übernimmt die Funktion einer Hauptfigur, definiert dadurch die Rahmenhandlung [x] der Geschichte und ermöglicht Raum für einen Charakter, der von den dramaturgischen Ansprüchen an eine Figur abweicht. Beide Charaktere sind mithin in der Erzählung durch eine Abhängigkeit miteinander verbunden, die in der Regel der Beziehung zwischen Protagonist und Antagonist ähnelt. Da sich der dominante Charakter jedoch durch seine Ziellosigkeit auszeichnet, wird die Hauptfigur meist allein durch sein Dasein am Erreichen des Ziels gehindert.

x
Rahmenhandlung
»[...] Sonderform des mehrschichtigen Erzählens. In ihrer einfachen Form zeigt sie sich als ein epischer Text mit einer charakteristischen, die Struktur der Erzählung dominierenden Zweischichtigkeit. Diese ist derart, dass die erste Textebene (der Rahmen) die zweite (die Binnenerzählung) umgibt oder ihr auch nur vorangestellt ist und eine mündliche Erzählsituation konstituiert, in der ein oder mehrere nicht mit dem Rahmenerzähler identische Erzähler einem oder mehreren Zuhörern ein oder mehrere vergangene Geschehen frei erzählen.« (Andreas Jäggi, *Die Rahmenerzählung im 19. Jahrhundert. Untersuchungen zur Technik und Funktion einer Sonderform der fingierten Wirklichkeitsaussage*, Bern et al. 1994, S. 62.)

Aus erzähltheoretischer Sicht setzt sich das »Bild« einer Erzählung zusammen, die eine Gruppe an Bestandteilen aufweisen muss, um als solche klassifiziert, aber auch realisiert zu werden. Diese ergeben das Design einer Erzählung. Da ein solches Vorhaben, wie die Komplexität der skizzierten Zusammenhänge belegt, kein einfaches ist, ergeben sich verschiedene Ansätze und diverse Modelle, die eine Orientierung beim Erzählen anbieten wollen. Vor ihrem Hintergrund offenbaren sich Formen des Erzählens, die vor allem in drei Typisierungen immer wieder herangezogen werden, um gut zu erzählen: von Aristoteles, Gustav Freytag und Joseph Campbell.

Poetik à la Aristoteles

Bestandteile des Erzählens

x
Aristoteles
384–322 v. Chr.
Einer der bekanntesten und einflussreichsten Philosophen der griechischen Antike, dessen Denken und Werk alle nachfolgenden philosophischen Generationen bestimmt. Sein Lehrer war Platon (428/427–348/347 v. Chr.), der wiederum Schüler von Sokrates (469–399 v. Chr.) war. Diese Trias bildet einen grundlegenden Ursprung der Philosophie bis heute.

In der Aristotelischen x *Poetik*[100] (ca. 350 v. Chr.) werden zum ersten Mal überhaupt derartige Bestandteile (hier: der Dichtkunst), deren Ursprung und ihre Gattungen behandelt. Zu den untersuchten Gattungen zählen die Tragödie, das Epos und in Ansätzen die Komödie.[101] Die *Poetik* umfasst die Formulierung dramaturgischer Konzepte wie das Konzept des Wendepunktes, die poetische Gerechtigkeit und die Einheit von Zeit, Ort und Handlung. Aristoteles untersucht dazu ausgewählte Werke, um aus ihnen ein Regelwerk und Leitfaden zum Verfassen von Erzählungen abzuleiten.[102] Auch wenn es nicht sein Ziel war, dieses Regelwerk zu veröffentlichen, sondern es als Basis für weitere Forschungsarbeiten zu nutzen,[103] hat die Anwendung der darin ausgeführten narrativen Konzepte sowohl auf dramatische als auch auf nicht-dramatische Medienformen seit der Antike eine enorme Verbreitung erlebt; sie sind daher nicht zuletzt Klassiker des Erzählens x .

x
Klassiker des Erzählens
Deren Grundfragen lauten noch immer: »Gibt es so etwas wie Realismus? Was verstehen wir unter einer gelungenen Metapher? Was ist eine Figur? Woran erkennen wir eine meisterhafte Verwendung von Details im Roman? Was ist Erzählperspektive, und wie wirkt sie? Was ist imaginative Anteilnahme? Warum rührt uns Literatur?« (James Wood, *Die Kunst des Erzählens* [2008], Reinbek bei Hamburg 2013, S. 16.)

Innerhalb der Poetik werden sechs Bestandteile der Tragödie eingeführt: Mythos, Charaktere, Sprache, Erkenntnisfähigkeit, Inszenierung und Melodik.[104] Zur Erklärung eines »Storytelling für Designer«, wie sie das vorliegende Buch anbietet, sind im Besonderen die ersten beiden Punkte relevant, da aus ihnen noch einmal Erzählstrukturen und die Rolle zentraler Figuren (als Helden) abgeleitet werden. Der Mythos stellt die Nachahmung des Handelns als Zusammenstellung der Ereignisse dar; er ist das wichtigste Element der Tragödie. Der Handlung untergeordnet sind die Charaktere, die Handelnde nachahmen und durch die die Handlung charakterisiert wird.[105] Nach Aristoteles besteht die Handlungsstruktur aus einem Anfang, einer Mitte und einem Ende und ist dadurch in sich geschlossen und vollständig.

Durch diese Einteilung ist ein Rahmen festgelegt, innerhalb dessen die einzelnen Handlungen angeordnet werden – abhängig davon, wo sie beginnen und enden.[106] Dem Anfang müssen nicht zwangsläufig Ereignisse vorausgehen, aus diesem resultiert jedoch die Mitte und die Handlung endet derart, dass keine weiteren Handlungen folgen müssen:[107] »Daher sind die Geschehnisse [...] und der Mythos das Ziel der Tragödie; das Ziel ist aber das Wichtigste von allem.«[108] Eine Handlung entsteht hier erst dadurch, dass das Ziel der Handlung erreicht wird, wodurch sie dem Aristotelischen Prinzip der Geschlossenheit entspricht.[109] Der dramatische Bogen gewinnt an Bedeutung, wenn das Ziel der Figuren klar dargestellt und in seiner Wichtigkeit betont wird. Ebenso ist der Handlung der Tragödie eine gewisse Ausdehnung zu eigen, die groß genug sein muss, um eine Ereignisfolge mit einem Wendepunkt darzustellen. Dieser Wendepunkt kann Hoffnung in eine Katastrophe, Glück in Unglück oder Unwissen in Wissen umschlagen lassen.[110]

Drei Einheiten

Das Konzept der »Drei Einheiten«[111] gilt als essenziell für die dramatische Erzählung; gemäß Aristoteles beinhaltet es seinerseits die Einheit von Zeit, Ort und Handlung. Dieses Konzept [x] wurde (immer wieder) so interpretiert, dass die dramatische Erzählung nur eine Handlung besitzt, die innerhalb eines Tages an einem Ort stattfindet.[112] Für Aristoteles liegt der Fokus des Erzählens auf der Einheit der Handlung, die mittels einer Haupthandlung und untergeordneten Nebenhandlungen umgesetzt wird; diese haben ihrerseits die Funktion, Themen aus der Haupthandlung in veränderter Form und Darstellung aufzugreifen und hierdurch jene zu unterstützen. Dadurch kann die Wahrnehmung des Protagonisten durch die Nebenhandlung beeinflusst werden, indem in ihr das Handeln des Protagonisten mit dem Handeln anderer Charaktere vergleichbar wird.[113]

x
(Erzähl-)Konzept
Allen professionellen Erzählern sind (bewusst oder unbewusst) die Ziele, Strategien und Maßnahmen zur Umsetzung des zu erzählenden Vorhabens klar. Es geht bei dieser Konzeption insbesondere um das notwendige Wissen, das (wiederum bewusst oder unbewusst) zum Gelingen dieses Projekts beiträgt.

Auf diese Weise ergibt sich für Aristoteles aus mehreren Handlungen eine »zusammenhängende Handlung«. Können dabei Geschehnisse entfernt oder hinzugefügt werden, ohne dass dies einen Einfluss auf die Geschichte hat, gehören diese einerseits nicht zur »einheitlichen Handlung«.[114] Das bedeutet jedoch andererseits, dass alle Geschehnisse für die Fortführung und Umsetzung der Handlung »notwendig«[115] sein müssen.

Nach Aristoteles ahmt das Erzählen schließlich das Handeln von Menschen nach, und dies sowohl im Drama wie in der Epik; unterschieden werden beide lediglich in der Art und Weise, wie sie Objekte nachahmen.[116] Ihre Gegenüberstellung kann mit der Formel »telling vs. showing«[117] bezeichnet werden. Ziel der Nachahmung menschlichen Handelns im Erzählen ist allerdings nicht die »Nachahmung von Menschen«, sondern ausdrücklich »von Handlung und Lebenswirklichkeit«,[118] und dies mit gutem narrativen Grund.

x
Mímesis
Die mimetische Darstellung im Erzählen hat nach Aristoteles den Effekt, dass sich der Rezipient (sei er ein Zuschauer im Theater, sei er der Leser eines Textes usw.) in die Handlung der Erzählung einfühlen kann. Dadurch können Gefühle hervorgerufen werden, die jener mit den dargestellten Figuren teilt, beispielsweise Furcht und Mitleid. Ziel der Mímesis ist hier die Läuterung derartiger Gefühle, die Katharsis respektive Reinigung im Akt der Rezeption.

Denn so werden die Figuren nicht ihrer selbst wegen benötigt, sondern um durch sie Handlungen darstellen zu können. Diese Form der Nachahmung, die Handlungen zeigt, die alle notwendigen Informationen vermitteln,[119] wird im Übrigen Mímesis x genannt.[120] In der Epik hingegen tritt auch für Aristoteles ein Erzähler als auktorialer, personaler oder Ich-Erzähler in Erscheinung.[121] Das macht die Gattung auf der einen Seite wiederum diegetisch, d.h. »dem Erzähler zugehörig«[122]. Auf der anderen Seite bleibt das Fehlen eines expliziten Erzählers ein zentrales Merkmal der Dramatik, also des Erzählens für die Darstellung auf einer (Theater-) Bühne.

Charaktere

Aristoteles teilt die Charaktere einer Erzählung in drei Kategorien. Diese Einordnung wird wesentlich durch das Verhalten der Charaktere zum Höhepunkt der Krise bestimmt:

1. Charaktere, die besser sind als Menschen im wahren Leben und sich durch Rechtschaffenheit auszeichnen (= »spoudaios«); sie kommen primär in Tragödien vor und finden ein tragisches Ende, tatsächlich häufig den Tod, der durch einen Fehler des Helden ausgelöst wird.[123]

2. Charaktere, die schlechter sind als Menschen im wahren Leben; mit ihnen können menschliche Schwächen und Fehler unterhaltsam oder amüsant thematisiert werden; sie kommen primär in Komödien vor und erreichen zum Schluss poetische Gerechtigkeit, indem sich der Protagonist durch eine Charakterentwicklung zum Besseren verändert und seine Handlungen zu einem gerechten Ergebnis führen.[124]

3. Charaktere, die in ihrer Darstellung Menschen im wirklichen Leben entsprechen; sie kommen für Aristoteles sehr selten vor.[125]

Der Aufbau einer Erzählung

Die Ereignisse der erzählten Geschichte müssen nach Aristoteles sinnvoll aufeinander aufbauen und in einem kausalen Zusammenhang stehen; d.h., sie sollen jeweils aus einem vorausgegangenen Ereignis resultieren.[126] Dieser Aufbau habe den Regeln der Wahrscheinlichkeit (»eikós«) zu entsprechen,[127] wodurch die Handlung glaubwürdig erscheint und hierdurch an die Wirklichkeit angelehnt ist. Dennoch müssen die dargestellten Ereignisse nicht notwendigerweise möglich sein, sondern nur für den Zuschauer glaubhaft. Demnach wird die glaubhafte Darstellung unmöglicher Geschehnisse einer nicht überzeugenden Darstellung möglicher Geschehnisse vorgezogen.[128]

Die Struktur der Ereignisse wird durch Knüpfung (»désis«) und Lösung (»lýsis«) gebildet:[129] Der Protagonist gelangt durch seine vorangegangenen Handlungen an einen Punkt, auf den kurz darauf ein bzw. der Wendepunkt zum Guten oder zum Schlechten folgt. Nach dieser Knüpfung der Ereignisse muss die Auflösung der Geschichte durch die Handlung selbst stattfinden,[130] was mittels aktiven, zielgerichteten Handelns des Protagonisten umsetzbar ist.

Die Lösung des Konflikts durch den Protagonisten zum Höhepunkt (»klimax«) einer Krise, endet für Aristoteles in einer Reinigung (»kátharsis«).[131] Diese hat für das Drama große Bedeutung, stellt sie doch eine Reinigung des Zuschauers von den zuvor erlebten respektive miterlebten starken Emotionen x dar, die durch die tragische Erzählung ausgelöst wurden:[132] vor allem Rührung und Jammer (»éleos«) sowie Schaudern oder Schrecken (»phóbos«).[133] Die Wirkung derartiger Emotionen wird verstärkt, wenn Ereignisse unerwartet durch einen Wendepunkt der Handlung entstehen, jedoch dennoch kausal verbunden sind.[134] Rührung und Jammer werden etwa hervorgerufen, wenn der Zuschauer mit dem Helden mitfühlt und das tragische Ende als etwas ansieht, das dieser nicht verdient habe; durch die Ungerechtigkeit des Endes und seiner Identifikation mit dem Helden empfinde der Zuschauer Schrecken, da ein solches Ende potenziell auch ihn treffen könne.[135]

x
Emotionen (durch / im Erzählen)
Die Rede von einer Emotionalisierung des Publikums durch Erzählen zählt zu einem der großen Allgemeinplätze künstlerischen Tuns. Denn so subjektiv die Darstellung eines Ausdrucks ist, so individuell ist auch die Wirkung, die sie erzielt.

Unklar bleibt allerdings, ob für Aristoteles die Reinigung durch das Erleben der beiden Erregungszustände erreicht wird oder ob der Zuschauer von diesen bereits vorhandenen und durch die Erzählung verstärkten Emotionen gereinigt wird.[136] In beiden Fällen bleibt jedoch der Zuschauer, der die Überwindung des Klimax passiv miterlebt hat, sozusagen befriedigt und erlöst zurück.

In Folge der Auflösung kann der Zuschauer neben oder nach der Katharsis auch »tragische Lust«[137] empfinden. Die Erregungszustände der Rührung und des Jammers werden durch die glaubwürdige Darstellung der Handlung erreicht, die Lust durch das Wissen darüber, dass es sich nur um eine Nachahmung der Wirklichkeit handelt. Ebenso kann diese Lust als Folge der Katharsis interpretiert werden, die den Zuschauer durch die Befreiung von den zuvor verstärkten Emotionen erleichtert, was denn auch als lustvoll zu empfinden ist.[138]

Als Alternative zum tragischen Ende des Protagonisten [x] gibt es heute – im Anschluss an Aristoteles – weitere, verschobene Erzählmöglichkeiten. Eine davon ist die »Katharsis Interruptus«, bei der der Protagonist nach Überwindung seiner Krise kein tragisches Ende – meist in Form des Todes – erfährt, sondern unbeschadet bleibt. Wo durch den Tod des Helden ein Abschluss gesetzt wird, kehrt der Held hier wieder zurück, um weitere Krisen zu bewältigen, bis er zur Katharsis gelangt. Deutlich wird jedoch auch dann, dass die Geschichte mindestens einen Charakter besitzen muss, der die Zuschauer anspricht. Dies kann auf positive oder negative Weise erfolgen. Das Ziel ist es, dass die »Figuren der Dichtung Symbole und die von ihr geschilderten Ereigniszusammenhänge Modelle«[139] sind, ohne die der Zuschauer die vermittelte Geschichte nicht auf sich beziehen würde, nicht emotional beteiligt wäre und sich nicht identifizieren würde. Das Hauptmerkmal des Protagonisten ist also sein zielgerichtetes Handeln, durch das die Ereignisse in eine gemeinsame Richtung führen und deren kausale Reihung erfolgt. Daher ist für die Charakterisierung des Helden nicht nur ausschlaggebend, was er tut, sondern auch, mit welchem Zweck und auf welches Ziel gerichtet er eine Handlung ausführt.[140]

x
Protagonist
Ist der Haupt- oder Ersthandelnde einer Erzählung, der diese bewegt und / oder führt. Meist tritt der Protagonist in der Rolle eines Helden in Erscheinung: als Vorkämpfer, Befreier, Retter, Anführer, Messias usw.

Erzählstrukturen nach Gustav Freytag

Abfolgen

Zur Untersuchung des Aufbaus dramatischer Erzählungen hat Gustav Freytag x 1863 einen berühmten und nach wie vor stark rezipierten Leitfaden formuliert. Er bezieht sich in vielerlei Hinsicht auf die Aristotelische Poetik und grenzt sich zugleich von ihr ab, denn Freytag möchte Erzählformen herausstellen, die seit der Antike gewissermaßen neu hinzu gekommen sind. Dazu zählt insbesondere die Wirkung von Erzählungen bzw. – da sich Freytag wie Aristoteles vornehmlich auf diese Erzählgattung bezieht – des Dramas.[141]

x
Gustav Freytag 1816–1895
Deutscher Schriftsteller, der sowohl zahlreiche dramatische Stücke für die Theaterbühne als auch eines der wichtigsten dramaturgischen Lehrbücher verfasst hat. Neben der Dramentheorie von Aristoteles bezieht er sich vor allem auch auf die Überlegungen Friedrich Schillers. Als wichtigstes Werk gilt sein Roman *Soll und Haben* (1855), der den Antisemitismus und Nationalismus des deutschen Bürgertums wirkmächtig darstellt und affirmiert.

Während Aristoteles die Wahrscheinlichkeit der Ereignisse als narratives Kriterium nennt (im Drama der Antike etwa auch durch Eingriffe des Schicksals, von Gottheiten und durch Vorhersagen von Orakeln oder den Einfluss vorheriger Generationen auf das Schicksal des Protagonisten), können für Freytag die Geschehnisse nur unmittelbar durch das Handeln des Helden ausgelöst werden. Das Schicksal kommt explizit nicht mehr zum Tragen,[142] angestrebt wird vielmehr eine »Einheit des Göttlichen und Vernünftigen«[143].

Nach Freytag evoziert sie fünf Bestandteile des Dramas: Einleitung, Steigerung, Höhepunkt, Fall und Umkehr, Katastrophe.[144] Diese können jeweils in einen Akt gegliedert werden und mithin einen geschlossenen Abschnitt der erzählten Geschichte darstellen. Dabei ergibt nicht zwangsläufig jeder Bestandteil des Dramas einen Akt, Abänderungen sind möglich. Gleichwohl können aber häufig wiederkehrende Elemente in einem gemeinsamen Modell gesammelt werden.[145] In den Worten Freytags: »Aus den angeführten Bestandteilen – entweder allen oder den notwendigen – ist jedes Kunstdrama alter und neuer Zeit zusammengefügt.«[146]

Der Aufbau des Erzählten hat seinen Höhepunkt in der Mitte der Handlung. Bis zu diesem Punkt steigert sich die Handlung, nach dem Höhepunkt flacht die Handlung ab.[147]

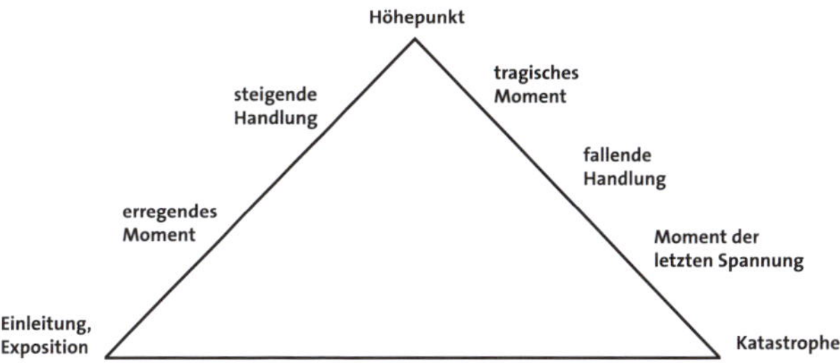

Dadurch ergibt sich ein pyramidenähnlicher Aufbau x, dessen Spitze der Höhepunkt bedeutet.[148] Die Unterteilungen der Handlung zeigen ein in sich geschlossenes Schema, das darstellt, wann welche Phase eines Konflikts eintritt; innerhalb des schematischen Verlaufs stellen drei szenische Wirkungen die Übergänge zwischen den fünf Phasen dar: »das erregende Moment«, »das tragische Moment« und »das Moment der letzten Spannung«.[149] Jeder Akt beinhaltet eine geschlossene Handlung, die gegliedert, angeordnet und auf einen Höhepunkt ausgerichtet wird;[150] und die Wirkung der dramatischen Erzählung wird im Verlauf der fünf Akte gesteigert.[151] Häufig umfasst der Akt der Einleitung die Exposition, das erregende Moment und die erste Stufe der Steigerung, wodurch dieser Akt meist zwei Höhepunkte aufweist – mit dem Fokus auf dem zweiten Höhepunkt.[152] Der Akt der Katastrophe enthält den Schlussteil sowie häufig die letzte Stufe der fallenden Handlung.[153]

x
Pyramide (des Erzählens)
Fünfstufiges pyramidenförmiges Schema, nach dem Gustav Freytag die Handlungsentwicklung des klassischen fünfaktigen Dramas aufgegliedert hat.

Akte

Die Bestandteile des Dramas in Freytags Modell können für kürzere Erzählungen in eine kleinere Zahl von Akten gegliedert werden, z. B. in Beginn des Kampfes, Höhepunkt und Katastrophe. Diese oder die bereits genannten fünf Bestandteile wären schließlich auch in einer Handlung zu finden, die aus nur einem Akt besteht.[154] Die Einleitung stellt auch dort eine Exposition der Handlung dar, innerhalb derer ihre Gegebenheiten vermittelt werden und der Zuschauer in die Handlung eingeführt wird; wichtige Orte, Charaktere und deren Lebensbedingungen werden vorgestellt und ein zeitlicher Rahmen gesetzt.[155] Zu Beginn der Erzählung wird dies oft durch epische Elemente erreicht, indem der Erzähler die vorangegangenen Geschehnisse zusammenfasst.

x
Interpretieren
Eines der wesentlichen Missverständnisse im Umgang mit erzählerischen Erscheinungen besteht darin, dass der Vorbehalt existiert, diese als Autor nicht interpretieren zu müssen, da man die eigenen Fähigkeiten intuitiv abrufen könne. Dabei handelt es sich jedoch eher um einen Abgrenzungsmechanismus als um eine richtige (Selbst-) Beobachtung.

Weil die Handlung nicht dargestellt, sondern berichtet wird, können die erzählten Ereignisse in der Vorstellung des Zuschauers variieren und einen Interpretationsfreiraum x bieten. In diesem Fall wird durch Andeutungen des Erzählers die Stimmung der Handlung in der Einleitung gesetzt.[156]

Auf die Einleitung folgt also das erregende Moment, das eine Steigerung der Handlung bis zum Höhepunkt bewirkt. Diese Steigerung ist nach Freytag ein notwendiges Element jedes Dramas, da hierdurch die weitere Richtung der Handlung vorgegeben werden kann.[157] Das erregende Moment findet statt, wenn im Helden ein Ziel oder eine Motivation geweckt wird, die seine weiteren Handlungen und den Grundkonflikt der Handlung auslöst. Dieser Handlungsanreiz kann auch durch das Vorgehen eines Gegners ausgelöst werden, dessen Konsequenzen vom Helden eine aktive Reaktion verlangen. Die durch das erregende Moment erreichte Steigerung der Geschichte zeigt sich in einem Anwachsen der Spannung, der Leidenschaft des Helden und der Verstrickung der Handlungen.

Der Höhepunkt ist erreicht, wenn das Resultat eines im Verlauf der Geschichte gesteigerten Konflikts sichtbar wird, sei jener innerlich oder äußerlich, d. h., sei er im Helden selbst oder sei er mit einer anderen Person oder seiner eigenen Umwelt angelegt. Der Höhepunkt kann vom Helden oder vom Triumph seines Gegners erreicht werden. Durch die Stellung des Höhepunktes als Mittelpunkt muss dieser jedoch sowohl die vorangegangenen als auch die folgenden Ereignisse miteinander verbinden.[158]

Das tragische Moment (»Peripetie«)[159] folgt auf den Höhepunkt; es verkörpert für Freytag den wichtigsten Moment im Drama, da es verursacht, dass die Gesamthandlung umschlägt, der Konflikt intensiviert und der Fall des Helden eingeleitet wird.[160] Wo bei Aristoteles noch ein Wendepunkt zum Besseren des Helden möglich ist, führt dieser nach Freytag zu einem schlechten Ausgang: »Was die höchste Erhebung des Helden zu werden schien, das wird durch seinen unbezähmbaren Stolz in das Gegenteil umschlagen.«[161]

Damit diese Wirkung eintritt, muss das tragische Moment den Helden überraschend treffen, große Bedeutung für ihn besitzen und die Konsequenzen seiner Handlungen nach sich ziehen. Daher ist es wichtig, dass das Ereignis logisch aus vorangegangenen Geschehnissen resultiert: Durch die Umkehr der Handlung wird die der Geschichte zugrundeliegende Idee [x] offen gelegt, der Zuschauer erkennt den Kontext der vorherigen Handlungen und der Sturz des Helden wird angedeutet.[162]

x
(Narrative) Idee
Der Kern der erzählerisch dargestellten Botschaft, der die Figuren, Handlungen und Welten der Erzählung permanent motiviert.

Im Anschluss an die Umkehr der Handlung ergibt sich eine Pause, nach der Spannung erneut zu steigern ist, indem neue Charaktere und Kräfte eingeführt werden. Durch eine Verstärkung szenischer Effekte wird hier der Sättigung des Zuschauers entgegengewirkt[163] – als »Moment der letzten Spannung«[164]. An diesem Punkt der Geschichte wird, obwohl die Katastrophe und der tragische Ausgang bereits durch den Fall der Handlung eingeleitet wurden, noch einmal Hoffnung auf ein positives Ende geweckt. Dennoch muss der Zuschauer weiterhin erkennen können, dass die Handlung zwangsläufig zur Katastrophe führt. Diese wird in der Schlusshandlung entfaltet: Da das Drama eine geschlossene Handlung besitzt, müssen die Konsequenzen des Konflikts zu einem Ende gebracht werden, in dem alle vorangegangenen Geschehnisse aufeinander zulaufen[165] – im Fall eines positiven Endes etwa durch den Sieg des Helden oder durch Friedensschluss mit dem Gegner.[166] Ebenso müssen die Auswirkungen dargestellt werden, die das Scheitern des Helden auf sein Leben haben; bestimmt sein Ziel sein gesamtes Leben, wird beim Scheitern auch dessen Zerstörung dargestellt.[167]

Wird durch den Helden zum Schluss ein Ausgleich der »kämpfenden Gegensätze«[168] erreicht, kann die Katastrophe als notwendige Konsequenz der Handlung und Charaktere vermittelt werden. Es ist allerdings nicht die Aufgabe des Erzählten, darzustellen, ob im Falle des Überlebens wieder bessere Zeiten für den Helden kommen. Trotzdem muss das Ende den Zuschauer gleichsam befriedigen, indem jenes im Verlauf der Handlung überzeugend aufgebaut und schlussendlich realisiert wird.[169]

Joseph Campbells »Hero's Journey«-Modell

Die Reise des Helden

x
Joseph Campbell
1904–1987
US-amerikanischer Philologe, der Ende der 1980er-Jahre größere posthume Bekanntheit durch die Fernsehserie *Joseph Campbell and the Power of Myth* erlangte, einer sechsteiligen Interviewreihe mit einem Fernsehjournalisten. Als Mythenforscher interessierte er sich für den Zusammenhang von Mythologie, Religion und komplexer Symbolik, wie er sie insbesondere in musterhaften Erzählungen erkannte.

x
Archetypus
In der Tradition der antiken Philosophie wiederum auf Platon zurückgehender Begriff, mit dem eine den konkreten Dingen und Personen übergeordnete »Wesenheit« bezeichnet wird, an der sich die Wahrnehmung von Dingen und Handlungen orientieren. Man spricht auch von idealtypischen »Ur-Bildern« des menschlichen Verstandes, mit denen das erkennende Subjekt seine Vorstellungen formt.

1949 hat Joseph Campbell x ein Werk unter dem Titel *Der Heros in tausend Gestalten* veröffentlicht,[170] das für die Erzählpraxis noch immer wesentliche Bestimmungen und Zuordnungen enthält; es geht um Grundmuster verschiedener Mythen, Märchen und Sagen aus unterschiedlichen Zeiten und Kulturen, die Campbell mit dem Schlagwort der »Reise des Helden« belegt und darin ein gemeinsames Muster vieler Kulturen und religiöser Traditionen identifiziert: den sogenannten Monomythos. Thematisch behandelt die »Reise des Helden« die Konfrontation des Menschen mit einem Konflikt, den er durch eigene Kraft überwinden muss, indem er seine alte Welt verlässt, sich weiterentwickelt, seine innere Stärke entdeckt und daraufhin in seine Welt zurückkehren kann.[171]

Campbells Modell ist in verschiedene Etappen, die der Held durchläuft, und in sogenannte archetypische x Charaktere (siehe unten) gegliedert, die in der erzählten Geschichte vorkommen. Die Etappen werden in drei Abschnitte unterteilt, in Aufbruch, Initiation und Rückkehr;[172] in jedem kommt ein Konflikt vor, den der Held überwinden muss. Der Zeitverlauf der »Reise des Helden« ist linear und auch wenn Zeitsprünge in die Vergangenheit oder Zukunft möglich sind, finden die Handlungen des Protagonisten in der Gegenwart statt. Zu Beginn befindet sich der Held in seiner gewöhnlichen Welt, die, durch ein Ereignis oder einen Fehler des Helden, durcheinander oder in Gefahr gerät. Gleichzeitig erhält er die »Berufung« durch einen sogenannten »Herald«,[173] einen Boten, der den Helden zur Überwindung des Konflikts auserwählt und ihn zum Handeln bringt oder regelrecht zwingt. Diese Berufung kann verschiedene Formen annehmen; sie kann ebenso ein Hilferuf wie ein Auftrag der Götter sein. Der Bote besitzt häufig starke Anziehungskraft und spricht etwas im den Helden an, das er bereits unterbewusst ahnte oder wusste.[174]

Schematisch erzählen

Dennoch weigert sich der Held in diesem Modell des Erzählens zunächst – meist aufgrund von Selbstzweifeln oder dem Festhalten am gewohnten Zustand –, die Berufung anzunehmen und seine Welt zu verlassen.[175] Kurz darauf tritt jedoch ein Ereignis ein, das ihn dazu bringt, die Berufung (freiwillig oder nicht) anzunehmen. Dabei handelt es sich häufig um schlechte Neuigkeiten oder um das Auftreten neuer Charaktere, die ihn motivieren. Nach Campbell kann dieses schlechte und/oder motivierende Ereignis als direkte Konsequenz der verweigerten Berufung angesehen werden. Auch wenn der Held sich weigert, dem Abenteuer zu folgen, kommt er nicht davon los,[176] etwa so: »Wer sich der Berufung nicht verschlossen hat, begegnet auf seiner Fahrt zuerst einer schützenden Figur, [...] die ihn mit Amuletten gegen die Kräfte der Drachen, die er zu bestehen haben wird, versieht.«[177]

Entschließt sich der Held, die Berufung anzunehmen, begegnet er in Campbells Mustererzählung einem Mentor – in Form einer Person oder eines Gegenstands –, der ihm hilft, die Alltagswelt zu verlassen und die Schwelle ˣ zu einer anderen Welt zu überqueren. Darin ist sich Campbell mit Erzähltheorien wie der bereits erwähnten von Lotman oder auch mit Walter Benjamins ˣ *Schwellenkunde*[178] einig. Die Schwelle stellt die Grenze des bisherigen Erfahrungshorizonts des Helden dar. Um sie übertreten zu können, muss er sein erstes Hindernis, den »Torhüter«[179], überwinden. Dabei kann es sich um ein physisches oder ein psychisches Hindernis handeln.[180] Wenn der Held die alte Welt verlässt, lässt er einen Teil seines alten Ichs zurück und wird in einer neuen Welt im übertragenen Sinne wiedergeboren.[181]

In der anderen Welt angekommen, beginnt der »Weg der Prüfungen«[182]: Er muss Proben bestehen, begegnet Verbündeten, trifft auf Feinde und auch wiederum auf sich selbst: »Der Heros, ob Gott oder Göttin, Mann oder Frau, Mythengestalt oder Träumender, entdeckt und assimiliert sich seinen Widerpart – das eigene ungekannte Selbst.«[183]

x
Schwelle
Deren Begriff ist verknüpft mit der Problematik von Grenze, Grenzziehungen und Grenzüberschreitungen; im Gegensatz zu diesen zeigt die Schwelle einen Wandel und Übergang an (vgl. Walter Benjamin, *Das Passagen-Werk*, in: ders., *Gesammelte Schriften*, unter Mitwirkung v. Theodor W. Adorno / Gershom Scholem hg. v. Rolf Tiedemann / Hermann Schweppenhäuser, Bd. V.1, Frankfurt / M. 1982, S. 45–1063, hier S. 618).

x
Walter Benjamin
1892–1940
Deutscher Philosoph, Kulturkritiker und Übersetzer, der mit seinen publizistischen Arbeiten sowohl die Kunsttheorie wie auch die Kultur- und Literaturwissenschaft (einschließlich der Erzählforschung) nachhaltig beeinflusst hat.

Im Verlauf der Prüfungen entwickelt der Held seinen Charakter, lernt neue Regeln, verbessert oder vergrößert seine Fähigkeiten und gewinnt an mentaler Stärke; durch diese Entwicklung schafft er es, seine Gegner zu bezwingen und sein Ziel zu erreichen.[184] Beim Bestehen der Aufgaben erhält der Protagonist Assistenz durch Gegenstände und Helfer und wird von ihnen durch die Welt geführt.[185]

Handlungsmöglichkeiten

Sind die Aufgaben bestanden, gibt es nach Campbell vier verschiedene Möglichkeiten, wie der Held sein »Elixier«[186] – als Lösung seines Konflikts – erhalten kann. Die erste ist die »Begegnung mit der Göttin«[187] als finale Prüfung des Helden, deren Bestehen mit jenem Elixier belohnt wird, hier in Gestalt einer Prinzessin, gleichsam eine »göttliche Weltmutter«, die den »Inbegriff aller Schönheit, die Antwort auf alles Begehren« verkörpert.[188] Die zweite Möglichkeit ist, dass der Held sein Elixier als Lösung seines Konflikts [x] findet, indem es zur Versöhnung zwischen ihm und einer dominanten, gott-ähnlichen Vaterfigur kommt; erkennt er die Gemeinsamkeit zwischen beiden, kann er diese letzte Prüfung bestehen und anschließend die Rolle des Vaters einnehmen.[189]

x
Konfliktlösung
Zentraler Bestandteil zahlreicher Erzählungen, die von ihr als Ziel motiviert sind; dies hat damit zu tun, dass auch in der menschlichen Lebenswirklichkeit permanent unterschiedliche Interessen, Bestrebungen und Werte aufeinandertreffen, die oft schwer miteinander vereinbar sind.

Die dritte Möglichkeit, die »Apotheose«,[190] kombiniert die Begegnung mit der Göttin und die Versöhnung mit dem Vater.[191] Der Held erkennt sich selbst als Lösung des Konflikts und dadurch die Göttlichkeit in sich, durch die er seine Welt retten kann: »Aber die Götter können allzu streng und allzu vorsichtig sein, und in diesem Fall muß der Heros ihnen ihren Schatz ablisten.«[192] Als vierte und letzte Möglichkeit stiehlt der Held das Elixier aus der anderen Welt und flieht damit zurück in die seine.

Im letzten Abschnitt der Erzählung muss sich der Held nach Bestehen der Prüfungen (zusammen mit der Lösung seines Konflikts in Form einer Prinzessin, eines Elixiers oder durch sein eigenes Wissen) auf den Rückweg in seine gewöhnliche Welt machen, um die Reise abzuschließen.[193] In der vierten Möglichkeit, bei der das Elixier gestohlen wird, befindet er sich dazu auf der »magischen Flucht«[194] und wird mit weiteren Hindernissen und Prüfungen konfrontiert.

Häufig wird der Held durch eigene Fehler oder einen Gegner an der Rückkehr mit dem Elixier gehindert, oder er »verweigert die Rückkehr«[195]. In beiden Fällen kann eine »Rettung von außen«[196] eintreten, wobei entweder versucht wird, ihn zurück in seine alte Welt zu holen, oder er wird, wenn er daran gehindert wurde, gerettet. Beide Male erfolgt die »Rückkehr über die Schwelle«[197].

Der Held ist bei Campbell nun wieder in seiner alten Welt, die sowohl gegensätzlich als auch mit der anderen Welt verbunden dargestellt wird. Die Aufgabe besteht jetzt darin, durch sein Elixier den Konflikt zu lösen, den Status Quo der alten Welt wiederherzustellen und beide Welten zu verknüpfen.[198] Allerdings kann es dem Helden durch seine Veränderung schwer fallen, sich in der gewöhnlichen Welt zurechtzufinden und den Konflikt zu lösen, obwohl er das Mittel dazu besitzt.[199] Damit er seine Reise abschließt, muss er sich neu in der gewöhnlichen Welt etablieren.[200] Die Rückkehr [x] kann ihn aber auch in ein neues Zuhause führen. Dann wird er zum »Herr der zwei Welten«[201] und gewinnt, als Ergebnis seiner Reise, »Freiheit zum Leben«.[202]

x
Rückkehren (im Erzählen)
Wiederum ein häufig anzutreffendes Element der erzählten Handlung, die verschiedene Welten bzw. Räume, Zeiten und auch Figuren wieder zueinanderführen oder auch eine neue Handlung auslösen kann, die dann einen alternativen oder fortgesetzten Weg nimmt.

Archetypen

Archetypische Charaktere weisen nach Campbell in den meisten Kulturen vielfältige Funktionen auf. Dadurch werden Archetypen nicht auf ihre Charaktereigenschaften hin darstellbar, sondern in Hinsicht auf ihre funktionale Erfüllung. Archetypen sind hier:

- Der Protagonist (als wichtigste Figur): Zu Beginn wird er als noch nicht vollkommener Held eingeführt, dessen Schwächen und Fehler im Verlauf der Geschichte überwunden werden. Er besitzt häufig Fähigkeiten, die ihn von anderen abheben und ihm einen Sonderstatus verleihen, jedoch auch mit Schwächen verknüpft sein können.[203] Oft ist der Held ein Außenseiter, der von seinem Umfeld unterschätzt wird und sich erst nach seiner Reise bewähren kann.[204] Er stammt nicht selten aus heldenhafter oder göttlicher Familie, wodurch sein Held-Sein als Bestimmung angesehen wird.[205]

Sein Hauptmerkmal besteht in aktivem Vorgehen und zielorientiertem Handeln, das in einer bestimmten Motivation und Leidenschaft – bisweilen in einer Obsession – begründet liegt. Im Zuge dessen ist er durch einen bewussten Antrieb, einen unbewussten Wunsch oder auch einen inneren Widerspruch ausgezeichnet.

x
Charakterentwicklung
Umgangssprachlicher Begriff, der die Beschaffenheit und Wandlungen einer Figur meint, indem innerhalb der erzählten Welt Erfahrungen gesammelt werden, indem Neues gelernt wird oder auch indem es zu Begegnungen kommt, die den Fortgang der Geschichte beeinflussen.

Der Protagonist kann am Ende der Erzählung durch seine Charakterentwicklung x zum Krieger, Liebenden, Herrscher und Tyrann, Welterlöser oder Heiligen werden.[206] Stirbt er, wird sein Tod aufgrund der von ihm durchlebten Veränderung – seinem Held-Werden – nicht als etwas Erschreckendes angesehen. Alternativ zum Tod kann auch eine Rückkehr möglich sein.[207] Und: Die vom Helden geliebte Person wird meistens als Teil von ihm beschrieben;[208] sie ist sein Gegensatz, der ihn komplettiert.[209]

x
Torhüter-Funktion
Eine der wichtigsten Erzählungen der Weltliteratur, in der die Funktion eines Tor- respektive Türhüters ausfantasiert wird, ist Franz Kafkas Prosatext *Vor dem Gesetz* (1915), in der – verkürzt gesagt – ein Mann vom Land vergeblich versucht, den Eintritt in das Gesetz zu erlangen, dessen Tor / Tür bewacht wird.

- Der Torhüter x: Er hindert den Helden am Betreten der anderen Welt, mittels Warnungen oder Drohungen oder indem er den Helden attackiert und es zu einem Kampf kommt. Auch ein Familienmitglied oder eine geliebte Person kann die Funktion des Torhüters erfüllen.[210]

- Der Antagonist: Ein Tyrann, den der Held besiegen kann, da er übermütig ist und der Held durch das Elixier das nötige Wissen erhält, seine Niederlage herbeizuführen.[211] Die Handlungen des Antagonisten stellen sich dem Ziel des Protagonisten in den Weg, wodurch der eigentliche Konflikt der Handlung ausgelöst wird.

- Der Verbündete: Eine Figur kann sich erst in der Auflösung der Geschichte als Antagonist oder Verbündeter entpuppen. Letzterer weist in der Regel ein hohes Maß an Unwissenheit auf, das seine endgültige Rolle bedingt und wiederum Spannung aufbaut.

- Der Trickster: Häufig ein gottähnlicher Charakter, der unabhängig von Idealen von Gut und Böse zum eigenen Nutzen handelt, was zu Gunsten oder zu Lasten des Helden gehen kann.[212]

Zwölf Kriterien einer guten Erzählung

Aus den Skizzierungen der Aristotelischen Poetik, der Akt-Struktur nach Freytag sowie der Heldenreise Campbells können zwölf Kriterien einer guten Erzählung abgeleitet werden. Sie haben keinen Allgemeinheitsanspruch, bieten aber einen Überblick über mögliche erzählerische Orientierungen in der Gestaltungspraxis an:

1. Eine Geschichte wird im Sinne von Aristoteles durch die Handlungen der Charaktere erzählt oder durch einen Erzähler strukturiert und vermittelt, der eine Figur oder das erzählerische Alter Ego ˣ des Autors selbst sein kann.[213]

2. Die Erzählung kann in die genannten fünf Bestandteile und »drei szenische Wirkungen«[214] des Akt-Modells nach Freytag oder in die drei Bestandteile der Hero's Journey (»Aufbruch«, »Initiation«, »Rückkehr«)[215] eingeteilt werden; hierbei sind archetypische Charaktere vorhanden.

3. Die Geschichte wird durch ein Ende geschlossen, das alle Fragen zur Zielerreichung des Protagonisten beantwortet.[216]

4. Der Protagonist besitzt die Eigenschaften eines klassischen Helden, u. a. dessen aktives Handeln sowie Charakterentwicklung, Opferbereitschaft und Zielorientierung.

5. Bei einem nicht-klassischen Helden verändert sich nicht dieser selbst, sondern seine Umgebung; in diesem Fall erfolgt die Betrachtung der Figur selbst distanziert und objektiv.

6. Der Protagonist kann in Abgrenzung zu anderen auftretenden Menschen als »besser als Menschen im wahren Leben« oder »schlechter als Menschen im wahren Leben« eingeordnet werden.

7. Es gibt einen Hauptkonflikt, der einem der folgenden Konflikte zugeordnet werden kann: Mensch gegen Mensch, Mensch gegen Natur, Mensch gegen sich selbst.

x
Alter Ego
Geflügeltes Wort, das im Sinne der römischen Philosophen Cicero (106–43 v. Chr.) und Seneca d. J. (ca. 1–65 n. Chr.) ein anderes oder zweites Ich bezeichnet, z. B. eine Dopplung der eigenen Persönlichkeit in einem selbst bzw. eine Art Doppelgänger oder eine fiktive Rolle, die man zuweilen selbst als Künstler spielt.

8. Die Überwindung des Konflikts erfolgt durch den Protagonisten und endet in Form der »Kátharsis« oder der Konflikt wird durch Umstände und Zufälle behoben.

9. Die Ereignisse im Spiel sind durch Kausalität[217] verbunden oder durch ein affines Thema episodisch-serieller Natur, sodass jene nicht in einer festen Reihenfolge erzählt werden.

10. Der Fokus liegt auf einer Haupthandlung mit untergeordneten Nebenhandlungen oder es gibt mehrere gleichgestellte Handlungsstränge x, die neben- oder nacheinander angeordnet sind.

11. Die Zeit verläuft trotz Zeitsprüngen linear oder die Handlungen des Protagonisten liegen sämtlich in der Vergangenheit.

12. Es besteht entweder eine Einheit des Ortes oder es gibt die Möglichkeit, mehrere Ortswechsel durchzuführen.

x
Handlungsstrang
Der einzelne Verlauf innerhalb einer Handlungsfolge (mithin eine Teilhandlung), die eine Linie produziert, mit der zielgerichtete Aktionen und Interaktionen differenziert werden können, die u. a. auf ein instrumentelles Ziel zulaufen, ein Projekt realisieren oder soziale Beziehungen ermöglichen, stabilisieren oder beenden.

In einer Zeit, in der auch Designerinnen und Designer immer mehr Informationen mit immer mehr Medien kommunizieren und hierfür immer weniger Zeit haben, stellt sich die Frage neu, wer die Geschichten der Gestaltung überhaupt produziert. Die Problematik, die sich hinter dieser Frage verbirgt, betrifft dabei einen grundsätzlichen Ausgangspunkt des Erzählens: die Diskussion darüber, was Autorschaft eigentlich heißt. Zur Annäherung an eine Antwortperspektive können wiederum verschiedene theoretische Positionen rekapituliert und auf das Design zurückgefaltet werden, die den Zusammenhang und die Verbindung bzw. Verflechtung zwischen Texturen und Medien beschreiben. Zur Sprache kommt hier ebenso die Rolle des Werkes im Design wie diejenige der gestalterischen Schöpfung.

Design und Autorschaft

»Der Tod des Autors«

x
Roland Barthes
1915–1980
Französischer Philosoph, Strukturalist und Zeichentheoretiker, dessen Kritik populärkultureller Phänomene (allen voran der *Mythen des Alltags*) den Boden bereitet hat, um sich u.a. über Design wissenschaftlich zu äußern.

x
Julia Kristeva
***1941**
Bulgarisch-französische Literaturtheoretikerin und Philosophin, die u.a. den fundamentalen Zusammenhang zwischen Erscheinungen textueller Natur herausgestellt hat.

x
Michail M. Bachtin
1895–1975
Russischer Literaturwissenschaftler und Kunsttheoretiker, dessen Werk wie kaum ein anderes die Literaturtheorie des 20. Jahrhunderts beeinflusst hat.

x
Intertextualität
Meint, dass kein einzelner Text ohne den Bezug auf andere Texte denkbar ist, dass also immer Beziehungen zwischen Texten bestehen – direkt oder indirekt.

Roland Barthes x setzt in seinem – für die neuere Erzähltheorie längst zum Gemeinplatz gewordenen – Essay *Der Tod des Autors* (1967) an die Stelle des empirischen Autors den modernen Schreiber (»écrivain«).[218] Barthes liquidiert den Autor als Subjekt; allein die Existenz des »écrivain« aus seiner ausgeführten Schreibweise (»écriture«) habe hier Geltung.[219] Ein erzählter Text erweist sich in dieser Hinsicht nicht mehr als Transportmöglichkeit eines tieferen Sinns im traditionellen Verständnis, sondern vielmehr als Gewebe von Zitaten aus unterschiedlichen Bereichen einer wie auch immer gearteten Kultur.[220]

Vor dieser Folie gewinnt jene Dynamisierung der narrativen (und hier vor allem: textuellen) Struktur eine festere Form, in der das Werk einer Erzählung als Kreuzung, Dialog und Mosaik zahlreicher Bezüge, Gestaltungsweisen und Zitationen aufgefasst werden kann.[221] Das lässt sich mithilfe des von Julia Kristeva x – unter Rückgriff auf Michail M. Bachtin x – entwickelten, in der Vergangenheit überaus ergiebig rezipierten Lektüremodells der sogenannten (und im Folgenden näher erläuterten) Intertextualität x praktizieren.[222] Bachtin formulierte im Rahmen seiner Theorie des polyphonen Romans einen intra(!)textuellen »Polylog«: »Der Text lebt nur, indem er sich mit einem andern Text (dem Kontext) berührt. Nur im Punkt dieses Kontaktes von Texten erstrahlt jenes Licht, das nach vorn und nach hinten leuchtet, das den jeweiligen Text am Dialog teilhaben läßt. [...] Hinter diesem Kontakt steht der Kontakt von Persönlichkeiten und nicht (im Extrem) von Dingen.«[223]

Zu beachten ist darüber hinaus die Differenzierung zwischen dem empirischem Autor und dem Autor als Funktionsweise (»fonction-auteur«), wie sie etwa Michael Foucault ˣ in seinem Vortrag *Was ist ein Autor?* (1969) unternimmt. Foucault unterscheidet zwischen der historisch-sozialen Person eines Autors und demjenigen, was der Text über den Autor berichtet.[224] Interessant für den vorliegenden Zusammenhang ist insbesondere die von Foucault bei seiner Analyse der »fonction-auteur« vorgenommene Problematisierung der »écriture«, von der auch Barthes spricht; sie ersetzt in ihrer Ursprünglichkeit den empirischen Autor, überführt jedoch dessen Charakterzüge in eine Art von Anonymität.[225]

x
Michel Foucault
1926–1984
Französischer Philosoph, dessen Denken die sogenannte Diskursanalyse begründet hat, die beschreibt, wie Formen des Wissens und entsprechender Äußerungen in eine Gesellschaft einwandern und (Macht-)Strukturen bilden.

Das Feld des Storytellers

Wenn Stephen Greenblatt im Kontext des sogenannten New Historicism ˣ davon spricht, dass die Theoriebildung kaum noch darauf Bezug nimmt, die Einheit erzählter Werke zu betonen und stattdessen jene Felder als Orte des Meinungsstreits und changierender Interessen herausstellt, die Anlässe für ein Aufeinandertreffen von verschiedenen Impulsen bieten,[226] dann ist die Kategorie »Autor« jedoch keineswegs »tot«, geht es doch in der Kultur- und Storytelling-Geschichte immer um die Beziehungen zwischen den Bedingungen, die ein Werk für diejenigen, die es schufen, möglich machten, und den Bedingungen, die es für einen selbst möglich machen.[227]

x
New Historicism
Literaturwissenschaftliche Theorieschule, die vor allem in den 1980er-Jahren ausgehend von der Universität Berkeley in Kalifornien literarische Texte wieder zurück in ihren speziell kulturellen Zusammenhang rückt und hierbei deren Zusammenhänge mit gleichzeitig innerhalb einer Gesellschaft zirkulierenden Texten, Überzeugungen und kulturellen Praktiken betont.

Daher bedürfen nicht nur literatur- und kulturhistorische Lektüren, sondern auch designwissenschaftliche Betrachtungen des Autorschafts-Begriffs, bei dem die Beziehung des »kulturellen Produzenten« zu seinem Werk im Fokus des Untersuchungsinteresses steht (ebenso wie der Zusammenhang »zwischen einem kulturellen Gegenstand und seinen Benutzern«).[228] Im Sinne Pierre Bourdieus ˣ geht es – aus kultursoziologischer Perspektive – um ein spezifisches und relativ autonomes Feld,[229] in dem der stets intertextuelle Makrokosmos einer Erzählung durch die Errichtung eines signifikanten sozialen Mikrokosmos ergänzt wird, der auf diesen rekurriert.[230]

x
Pierre Bourdieu
1930–2002
Französischer Soziologe, der seine überwiegend empirische Forschung in großen Teilen auf das Alltagsleben konzentrierte und dabei individuelle Erfahrungen einbezog. Auf ihn gehen u. a. die Begriffe Habitus, sozialer Raum, Feld und Klasse zurück.

Autorschaft und Intertextualität, die die Beziehung zwischen Texten und auch Erzählungen schlechthin bezeichnen, hängen dann folgendermaßen zusammen: Durch seine aus Erfahrung und Wissen erworbene Haltung[231] verwendet der Storyteller (auch als Designer) seine Erzählung als eine Art Waffe im oftmals unbewussten Kampf um Existenzberechtigung im künstlerischen Feld.[232] Anders gesagt: Das stets intertextuelle Werk eines Autors / Designers wird beschreibbar als Darstellung der Verbindung aus persönlicher Haltung (»Habitus«) und den divergierenden Kraftlinien seines Feldes, die diese bestimmen.

x
Poststrukturalismus
Bezeichnung für eine Reihe geistes- und sozialwissenschaftlicher Ansätze und Methoden, die seit den 1960er-Jahren in Frankreich das Subjekt ins Zentrum der Untersuchung kommunikativer Praktiken und gesellschaftlicher Entwicklungen stellt.

Man sieht an diesen poststrukturalistischen x Überlegungen, wie sich die Frage nach der Autorschaft und der Verbindung zwischen Texten und Erzählungen auf die Meta-Narration der Moderne schlechthin anwenden lässt: auf die Geschichte selbst.[233] Aus dieser Perspektive ergibt sich eine neue Möglichkeit, Autorschaft zu konzeptualisieren: Zum Thema wird, wie sich Narrationen in die Textur, d. h. in das Gewebe einer Kultur, einfügen lassen. Das ist in aller Kürze der Ausgangspunkt, von dem aus sowohl die einzelne Erzählung (synchrone Betrachtung) als auch das erzählerische Gesamtwerk (diachrone Betrachtung) eines Design-Autors erschlossen werden kann.

x
Norbert Bolz
***1953**
Deutscher Medien- und Kommunikationswissenschaftler, der mit einem besonderen Augenmerk die medial veränderte Gesellschaft der Moderne erforscht.

x
Marshall McLuhan
1911–1980
Kanadischer Philologe und Kommunikationstheoretiker, dessen Werk die heutige Medienwissenschaft (mit-)begründet hat. Zu seinen zentralen Ideen zählt etwa die Entwicklung der These, dass das Medium die Botschaft sei.

Text vs. Bild

Die Situation, in der sich Autoren als Designer – oder umgekehrt Designer als Autoren – noch immer befinden, hat Norbert Bolz x als das Ende der Gutenberg-Galaxis beschrieben. Ausgehend von einer Begriffsverwendung Marshall McLuhans x, der damit eine Welt benannt hat, die durch das Buch als Leitmedium geprägt ist,[234] wird folgender Befund hervorgehoben: »Informationsüberlastung erscheint heute als Normalfall der Weltwahrnehmung. Deshalb stellt die Informationsgesellschaft immer entschiedener von verbaler auf visuelle Kommunikation um, denn man kann Informationen in numerischen Bildern viel stärker verdichten als in Sprache.«[235]

Was Bolz damit allerdings explizit nicht sagen will, ist, dass heute Schriftlichkeit und das Medium Buch gänzlich verschwinden; denn um die per Computer generierten, numerischen Bilder zu programmieren und auch, um einen Computer überhaupt per Tastatur zu bedienen, seien weiterhin Schrift bzw. Buchstaben notwendig.[236] Das ist eine Beobachtung, die bereits bei Walter Benjamin zum Tragen kommt, wenn dieser davon spricht, dass immer mehr Diagramme, Reklame etc. ins klassische Schriftbild gleichsam eindringen.[237] So entstehe eine »Schrift, die immer tiefer in das graphische Bereich ihrer neuen exzentrischen Bildlichkeit vorstößt«.[238] In den Worten von Bolz: »Auch Schreiben ist nur ein Spezialfall von Design.«[239]

Flusser wiederum würde dieser Auffassung zustimmen, da sich für ihn im Bild zahllose Linien in eine Fläche drängen, weshalb ein kleines Bild mehr Informationen tragen könne als Bücherbände – gewissermaßen ein Sieg des Bildes über den Text.[240] Dieser hat schließlich auch damit zu tun, dass Informationen nicht nur vermittelt, sondern auch dargestellt werden müssen:[241] als Design-Erzählung. Im Sinne von László Moholy-Nagy [x] ist bei Bolz von der »Verwandlung des grauen Texts der Gutenberg-Galaxis [...] in das bunte Bild-Text-Kontinuum der neuen Medien« die Rede, »als dessen Urphänomen man das Plakat ansehen kann«.[242]

x
Lászlo Moholy-Nagy 1895–1946
Ungarisch-US-amerikanischer Maler, Fotograf, Typograf und Bühnenbildner, der als Grafikdesigner in engem Kontakt zur historischen Avantgarde arbeitete. Moholy-Nagy lehrte von 1923 bis 1928 als Formmeister der Metallwerkstatt und Leiter des Vorkurses am Bauhaus in Weimar.

Bilder verdrängen, im Verständnis von Flusser, Texte und führen auf diese Weise die Gesellschaft aus der Eindimensionalität und Linearität in die Zweidimensionalität und das Denken in Flächen zurück.[243] Unterschieden werden können traditionelle Bilder (z. B. Höhlenmalereien [x]) und technische Bilder.[244] Die einen funktionieren gleichsam als Spiegel, die anderen als Projektionen:[245] Technische Bilder mögen zwar in vielerlei Hinsicht an traditionelle Bilder erinnern, es handele sich hierbei allerdings um gänzlich neuartige Medien, denn sie beruhen ihrerseits auf Texten und nicht wie traditionelle Bilder auf Flächen.[246]

x
Höhlenmalerei
Mitunter älteste Form bildhaften Ausdrucks, die auf Felsen aufgebracht wurde.

Technische Bilder übernehmen nach Flusser jene Funktion, die vor ihnen lineare Texte innehatten: das Speichern von Informationen,[247] und dies ausdrücklich im Verbund mit anderen Medien, mithin als Medienwandel, wie ihn schon Moholy-Nagy für Bolz praktiziert: »Moholy-Nagy isoliert die neuen Medien nicht, sondern sieht sie im Verbund. Die entscheidenden Vorgänge spielen sich nämlich zwischen den Medien, bei der Transposition von Daten aus einem Medium in ein anderes ab. Und an den Schnittstellen entstehen nicht nur neue Darstellungsformen, sondern auch neue Speichertechniken, die Buchsammlungen und Bibliotheken überflüssig machen.«[248]

Die neuen Medien lösen damit die Idee des Poststrukturalismus ein, dass kein Werk (auch kein gestalterisches) ohne ein vorliegendes Werk besteht bzw. dass sich jedes Werk auf ein vorangegangenes Werk direkt oder indirekt bezieht. Damit ist dieses Werk – genauso wie eine Erzählung – niemals abgeschlossen, sondern wird permanent weitergeschrieben und weitererzählt.

x
Laurent Binet
***1972**
Französischer Autor der Gegenwart, der neben seiner schriftstellerischen Tätigkeit Literatur in Paris lehrt.

Im Roman *Die siebte Sprachfunktion* (*La septième fonction du langage*) aus dem Jahr 2015 nimmt der Autor Laurent Binet **x** den tatsächlichen Tod von Roland Barthes bei einem Autounfall zum Anlass, um einen Thriller zu präsentieren, in dem die bedeutendsten poststrukturalistisch geprägten Philosophen Frankreichs auftreten. Binets Roman bringt den Zusammenhang einer Zeichenhaftigkeit von gestalteten Dingen bzw. Gebrauchsdingen und derem narrativen Potenzial auf den Punkt.

So erklärt der junge Zeichentheoretiker und Doktorand Simon Herzog dem ermittelnden Polizist Bayard:

»Eigentlich ganz einfach: In unserem Umfeld gibt es ganz viele Dinge, die, äh, eine Gebrauchsfunktion haben. [...] Ein Stuhl ist zum drauf Sitzen, ein Tisch zum dran Essen, ein Schreibtisch zum Arbeiten, ein Kleidungsstück gegen das Frieren und so weiter. [...] Aber außer ihrer Gebrauchsfunk..., außer ihrem Nutzwert tragen diese Gegenstände auch noch einen Symbolwert in sich – sozusagen als könnten sie sprechen: Sie haben uns etwas zu erzählen. Der Stuhl da zum Beispiel, auf dem Sie sitzen, sein Nulldesign, der Lack vom Holz abgeplatzt, das Gestell verrostet, erzählt uns, dass wir hier in einer Umgebung sind, die sich nicht um Komfort und Ästhetik schert und wo kein Geld ist. Nimmt man die Vielzahl der Gerüche von schlechter Küche und Cannabis dazu, bestätigt uns das in der Annahme, dass wir an einer Universität sind.«

Praxisbeispiel
Die siebte Sprachfunktion
Roman von Laurent Binet. Aus dem Französischen von Kristian Wachinger, Reinbek bei Hamburg 2017, S. 48 f.

Zwischen Medien

Das Konzept der Intermedialität

Die Medienwissenschaft hat ausgeführt, wie sich seit dem frühen 19. Jahrhundert der (romantische) Begriff des »Intermediums« von einem zunächst narratologischen Phänomen hin zur gängigsten Losung des gegenwärtigen medientheoretischen Diskurses entwickeln konnte, wobei dieser unter den apparativen und medialen Bedingungen des 20. Jahrhunderts zusätzliche Bedeutungen erfahren habe.[249] In den Poetologien und Ästhetiken der Romantik wurde das Vermengen und Überlagern verschiedener Künste und Medien als eines der zentralen und neuen ästhetischen Verfahren propagiert; heute steht die Bezeichnung »Intermedialität« für ein Abrücken von traditionellen Vorstellungen einzelner, voneinander isolierter »Medien-Sorten«.[250]

x
Gilles Deleuze
1925–1995
Französischer Philosoph, dessen Schriften zur Kunst und zur Literatur (v. a. zum Kino und zur Unterscheidung von Bewegungs- und Zeit-Bild) die Medien- und mittlerweile auch die Designphilosophie nach wie vor prägen.

Eine solche Beschreibung geht davon aus, dass »Medientexte«, um eine Formulierung von Gilles Deleuze x zu verwenden,[251] in wechselnden medialen Relationen stehen. Ihre Funktion entwickele sich aus den historischen Veränderungen dieser Relationen; dies bedeute allerdings nicht, dass Medien einander wechselseitig nachahmen würden, vielmehr würden sie Problemstellungen, Strategien und Maximen, die im Laufe ihrer Geschichte diskutiert wurden, in ihren jeweiligen Zusammenhang einpassen.[252]

Ein mediales bzw. gestalterisches Produkt wird demnach dann intermedial, wenn es das multimediale Nebeneinander medialer Zitate und Elemente »in ein konzeptionelles Miteinander«[253] überführt.[254] Die dabei entstehenden Veränderungen führen zu neuen Möglichkeiten einer insbesondere auch ästhetischen Erfahrung.[255] Intermediale Werke »gewinnen durch Vermengung und Überlagerung medialer Strukturen, durch das ›Sich-zwischen-verschiedene-Medien-Stellen‹ neue Wirkungsdimensionen«.[256] Die Konzeption, unterschiedliche Medien miteinander zu fusionieren, wirkt ästhetisch und führt zu einer Programmatik, die das Überschreiten medialer Grenzen bzw. das Verschmelzen unterschiedlicher Medien und Gattungen verlangt.[257]

Es handelt sich um eine Idee der Maximierung ästhetischer Wirkung x auf den Rezipienten durch mediale Grenzüberschreitungen und durch die Konstitution neuer medialer Formen. Intermedialität bedeutet auch ein wichtiges wie hilfreiches Instrumentarium, um Erzählungen als mediale Produkte[258] gestalterisch umzusetzen und dabei Interaktionen und Interferenzen zwischen einer Vielzahl an Medien zu ermöglichen sowie erneut das Materielle und das Soziale im Prozess dieser Abläufe zu bereichern.[259]

x
Ästhetische Wirkung
Vorstellung, die davon ausgeht, dass kein Objekt künstlerischen und auch gestalterischen Ausdrucks eine bestimmte Absicht hat, auf den Betrachter respektive Nutzer zu wirken. Es geht um eine Erfahrung von Kunst und auch von Design, die von Wissensbeständen ebenso abhängt wie von persönlichen Biografien und individuellen Situationen.

Intermediale Modelle und Funktionen

Einschlägige Modelle, um diese intermedialen Prozesse zu skizzieren, rekurrieren wiederum auf intertextuelle Strukturbildungen und unterscheiden dazu »extrakompositionelle« von »intrakompositionellen« Referenzen in einem engeren und einem weiten Sinn,[260] d.h. in solche, die innerhalb eines Werkes realisiert werden können, und jene, die die Grenzen der üblicherweise getrennt wahrgenommenen Kommunikationsmedien überschreiten.

Im Besonderen geht es bei den Erscheinungsweisen der Intermedialität um den sogenannten Medienwechsel als Übertragung und Anpassung eines bestehenden Inhaltes auf ein neues Medium, wie dies beispielsweise der Fall ist, wenn ein Buch verfilmt wird. Eine Medienkombination beschreibt dagegen die Verbindung zweier zuvor distinkt wahrnehmbarer Medien zu einem neuen Medium, wie dies beispielsweise mit Musik und Video im Fernsehen geschieht. Intermediale Bezugnahmen demonstrieren, wie ein Medium die Referenz auf ein anderes Medium ausübt, indem bestimmte Elemente übernommen oder in einen neuen Kontext angepasst werden.[261] Möglich ist aber auch die Auffassung, dass alle Medien einen intermedialen Ursprung haben und erst durch das Handeln des Menschen in einzelne Medien aufgespalten werden.[262]

Der Sinn intermedialer Produktion und Gestaltung liegt in den meisten Fällen darin, soziale Funktion zu rekonstruieren und die rezeptionsästhetische x Beeinflussung vorzunehmen.[263] Intermedialität stellt denn auch ein fundamentales Element medial-gestalterischer Erscheinungen dar, da sie in deren Bedeutungsprozessen aktiv mitwirkt.[264] Entscheidend bleibt hier allerdings, dass intermediale Konzepte und Narrative weder auf die Narrative eines neuen Mediums wahllos übertragen werden dürfen noch dass die Differenz einzelner Medien auf eine Weise angenommen wird, die verlangt, das narratologische Instrumentarium für jedes neue Medium von Grund auf neu zu entwickeln.[265] – Im Folgenden werden derartige Mechanismen der Intermedialität exemplarisch dargestellt, und zwar im Zusammenhang mit der Überlegung, wie man mit Medien Erinnerung gestalten kann, um eine Erinnerungsarbeit zu ermöglichen, die mit den Möglicheiten eines Mediums gestalterisch grenzüberschreitend spielt und im Zuge dessen erzählerisch bleibt.

x
Rezeptionsästhetik
Theoretischer Ansatz, der nach der Wahrnehmung bzw. Auffassung künstlerisch-gestalterischer Werke fragt. Diese kann im wahrgenommenen Objekt selbst angelegt sein; sie kann aber auch erst im Prozess des Wahrnehmens entstehen (vgl. Klaus Semsch, *Rezeptionsästhetik*, in: Gert Ueding, Hg., *Historisches Wörterbuch der Rhetorik*, Bd. 7, Tübingen 2005, Sp. 1363–1374).

Das Beispiel der Fotografie

Warum ist das Medium Fotografie (eines der wesentlichen Mittel visueller Gestaltung von Kommunikation) relevant für eine, wie auch immer ausgestaltete, Erinnerungserzählung? Zur Beantwortung dieser Frage lässt sich erneut an einen Gedanken anschließen, der im Zusammenhang mit der Intermedialität der Romantik x aufgeworfen wurde. Denn diese bedeute nicht allein Interaktion zwischen traditionellen Künsten: »Medien und Apparaturen dienen auch als *konzeptuelle* Vor-Bilder und Metaphern für literarische, historische und mythische Prozesse«, für die sich der »Übergang von historischer Erinnerung zur Mythenbildung« gleichsam als »sich überlagernde Schatten-Spiele und Schlagschatten einer riesigen *camera obscura*«[266] vollziehe,[267] »die von einer tiefen Schicht der Vergangenheit in die Gegenwart projiziert werden«.[268]

x
Romantik
Kulturgeschichtliche Epoche gegen Ende des 18. bis in die Mitte bzw. bis zum Ende des 19. Jahrhunderts, die sich auf die Bildende Kunst ebenso bezieht wie auf Literatur und Musik. Im Zentrum steht u. a. die Auffassung der Transzendenz der Wirklichkeit durch ästhetisches Tun.

Dieses Prinzip der »camera obscura«[269] lässt sich näher bestimmen. Bemerkenswert ist, dass es als strukturales Vorbild für die apparative Seite der Fotografie als Aufzeichnungsmedium x dient, deren »materiale Abbildungsschicht *Film*« in »operativer Verbindung durch etwas mit der Fotografie ganz neu Entstandenes« hergestellt werde: »den mechanischen Verschluß des Objektivs.«[270] Theorien der Fotografie pflegen daher von einer Differenz auszugehen, die die »fotografische Re-Präsentation auf eine vor-fotografische Präsenz festlegt«.[271]

Von der heißt es wiederum bei Roland Barthes, dass sie einmal da gewesen sein muss, in ihrer fotografischen Re-Präsentation jedoch abwesend und nur noch als »Spur des Verschwindens« jener Vergangenheit anwesend ist.[272] Die Medientheorie spricht hier von einer »Spur des Verschwindens«, »die das Ab-Bild von seinem Vor-Bild trennt«.[273] Die einzelne Fotografie stellt, so gesehen, einen Gegenstand z. B. aus Papier und grundsätzlich ein Bild dar; das Medium der Fotografie zeigt dagegen das Verschwundene an, das fotografiert wurde, d.h., es enthält »die Zeit des Verschwindens als Spur der vorfotografischen Präsenz in der fotografischen Re-Präsentation«: »Die Fotografie ist eine *Zeitmaschine*«.[274] Das Medium der Fotografie zeigt eine Zeit-Differenz zum aufgenommenen Motiv an;[275] sie selbst ist allerdings in gewisser Weise als Medium unsichtbar. Festzustellen ist die fotografische Beobachtung als fotografischer Blick x, der wiederum beobachtbar wird.[276]

»Depot« und »Atlas«

Es erscheint angebracht, von der Fotografie als »Depot« zu sprechen, das mithin als (Bild-)Datenbank fungiert. Die Fototheorie[277] bezeichnet die Fotografie denn auch als metonymisches x Verfahren, wobei die Metonymie dem Konzept des Archivs, oder besser noch, des Katalogs gleicht. Dass Fotografie und Denkmal sowie Fotografie und Archiv ohne einander nicht zu denken sind oder aber, dass sie sich gegenseitig erklären, gehört zu den zentralen Erkenntnissen über Fotografie.[278] Vorgeschlagen werden kann dabei, das »Denkmälerarchiv der Fotografie«[279] um den Begriff des »Atlas« im Sinne Aby Warburgs x zu erweitern.

x
Aufzeichnungsmedium
Medium, das im Wesentlichen aus einem Trägermaterial und einer Beschichtung besteht, die es möglich macht, bestimmte Informationen länger- und langfristig darauf zu binden, um diese wieder abrufbar zu machen.

x
Der fotografische Blick
»Der Photographische Blick hat etwas Paradoxes, dem man bisweilen auch im Leben begegnet: vor kurzem sah ich im Café einen jungen Mann, der seine Augen durch den Raum schweifen ließ; ab und zu fiel sein Blick auf mich; in einem solchen Moment hatte ich die Gewissheit, dass er mich ansah, ohne indes sicher zu sein, dass er mich sah: unbegreifliche Umkehrung: wie kann man ansehen ohne zu sehen?« (Roland Barthes, *Die helle Kammer. Bemerkungen zur Photographie* [1980], Frankfurt / M. 1989, S. 122.)

x
Metonymie
Eine Stilfigur, die etwas nicht in seiner eigentlichen Bedeutung, sondern in einem übertragenen Sinn ausdrückt.

x
Aby Warburg 1866–1929
Deutscher Kunsthistoriker und Kunstwissenschaftler, der das Nachleben der Antike in den unterschiedlichsten Bereichen der abendländischen Kultur bis in die Renaissance untersuchte. Dazu gründete er die »Kulturwissenschaftliche Bibliothek Warburg«.

Dessen Versuch, erkennbare Formen eines kollektiven Gedächtnisses in einem Mnemosyne x-Atlas zu sammeln, umfasst über sechzig Tafeln mit mehr als tausend Fotografien, die dazu dienen sollen, ein Gedächtnismodell zu erstellen, in dem das westeuropäisch-humanistische Denken in seinen Ursprüngen erkennbar ist und deren Linien bis in die Gegenwart nachgespürt werden können, Linien, die sich räumlich über den gesamten europäisch-humanistischen Kulturkreis und zeitlich über die gesamte europäische Geschichte von der Antike bis zur Gegenwart erstrecken.[280]

x
Mnemosyne
Zum einen Name der griechischen Schutzgöttin des Gedächtnisses und der Erinnerungskunst, zum anderem Name jenes Bilderatlas von Aby Warburg, der als Bilderreihe die Funktion vorgeprägter antiker Ausdruckswerte bei der Darstellung bewegten Lebens in der Kunst der europäischen Renaissance untersuchen will (so auch der Untertitel des Projekts).

Das Atlas-Modell im Medium der Fotografie gleicht dem Aufbau einer Erzählung, die mit Erinnerung »arbeitet«. Ohne eine solche Erinnerungsarbeit kann auch im Design nicht erzählt werden. Das Verhältnis von Geschichte und Geschichten gewinnt auch in dieser Sicht an Relevanz.

Wiewohl sich das kollektive soziale Gedächtnis, laut Warburg, durch die verschiedenen Schichten kultureller Überlieferung zurückverfolgen lasse (wobei er den Schwerpunkt auf die Transformation von Bildertafeln legt, die von der Antike bis zur Renaissancemalerei wiedergegeben werden, den wiederkehrenden Motiven der Gestik und des körperlichen Ausdrucks, für die er den berühmten Begriff der Pathosformeln x benutzt), konzentriert sich sein eigener Versuch zur Konstruktion eines kollektiven historischen Gedächtnisses besonders auf die unentwirrbare Verknüpfung des Mnemischen mit dem Traumatischen: In der Region der sogenannten Massenergriffenheit sei das Prägewerk zu suchen, das dem Gedächtnis die Ausdrucksformen des maximalen inneren Ergriffenseins in solcher Intensität einhämmere, dass diese Engramme leidenschaftlicher Erfahrung als gedächtnisbewahrtes Erbgut überleben.[281]

x
Pathosformeln
Von Warburg geprägter kunstgeschichtlicher Begriff, der die Darstellung formelhafter Gestik und Mimik des Gefühlsausdrucks bezeichnet, dem jeweils eine universelle Gültigkeit zugewiesen ist.

Mit seiner Sammlung fotografischer Reproduktionen eines breiten Spektrums von Darstellungspraktiken will Warburgs Atlas aber auch ein materialistisches Projekt zur Konstruktion des sozialen Gedächtnisses konstruieren. Die extreme zeitliche und räumliche Heterogenität des Atlas steht in einem paradoxen Kontrast zur Homogenität ihrer gleichzeitigen Präsenz im Raum der Fotografie. Diese ist nicht nur ein herausragendes technisches Medium des Gedächtnisses, sondern weist darauf hin, dass auch die Bilder ein Gedächtnis haben.

»Photographien«, schreibt Bernd Stiegler, »bilden ein eigenes Bildgedächtnis aus, das sich auf Photographien bezieht und Bilder in Bildern in Erinnerung ruft«, ein Gedächtnis, das auch »die Gedächtnisfunktion der Photographie als solche zum Gegenstand« haben kann: »Das Gedächtnis der Bilder zeigt sich am deutlichsten in den Bildern des Gedächtnisses. Und in den Bildern erscheinen plötzlich wiederum Bilder, die auf Bilder verweisen.«[282]

Das fotografische Gedächtnis

Der Komplex von Fotografie und Gedächtnis wird denn auch durch einen Bezug zur Geschichte konstituiert, in dem im Übrigen auch eine Todesthematik eingeschrieben ist – eine These, die etwa vier der bekanntesten jüngeren Medientheorien der Fotografie bestätigen, d. h. diejenigen von Vilém Flusser, Siegfried Kracauer ˣ, Roland Barthes und Susan Sontag ˣ.

Zusammengefasst ergeben sich folgende Bestimmungen: Die Fotografie stellt (nach Flusser) eine Zäsur der Geschichte dar, die mit ihr in eine neue Phase eintritt, und Fotografie ist hierbei »ein Bild, welches die Geschichte festhält, ihr Vorgehen staut, und dadurch erlaubt, sie abrufbar und widerrufbar zum machen.«[283] Gleichzeitig ist Fotografie (nach Kracauer) »ein Zeichen der Todesfurcht«: »Die Erinnerung an den Tod, der in jedem Gedächtnisbild mitgedacht ist, möchten die Fotografien durch ihre Häufung verbannen.«[284] Der Tod ist (mit Barthes gesprochen) in jeder Fotografie als »unabweisbares Zeichen«[285] enthalten: »Jeder Akt der Lektüre eines Fotos [...], jeder Akt des Einfangens und Lesens eines Fotos ist implizit und in verdrängter Form ein Kontakt mit dem, was nicht mehr ist, das heißt mit dem Tod.«[286] Daher muss jede Fotografie (wie Susan Sontag schreibt) als eine Art »memento mori« gelten: »Fotografieren bedeutet teilnehmen an der Sterblichkeit, Verletzlichkeit und Wandelbarkeit anderer Menschen (oder Dinge). Eben dadurch, dass sie einen Moment herausgreifen und erstarren lassen, bezeugen alle Fotografien das unerbittliche Verfließen der Zeit.«[287]

x
Siegfried Kracauer
1889–1966
Deutscher Publizist, Soziologe und Philosoph, der mitunter die Soziologie als empirische Wissenschaft begründete und später auch die Filmsoziologie aus der Taufe hob.

x
Susan Sontag
1933–2004
US-amerikanische Schriftstellerin und Essayistin, die sich neben ihren politischen Texten auch zu ästhetischen Fragen umfangreich geäußert hat, allen voran zum Schreiben und zur Fotografie.

x
Poetologie
Lehre von der Dichtkunst und zudem Begriff, um das künstlerische Selbstverständnis eines literarisch Schaffenden zu bezeichnen. Während poetologische Arbeiten in erster Linie das literarische Werk betreffen, fehlen bislang noch entsprechende Praktiken im Bereich von Kunst und Design.

Folgt man der zentralen poetologischen x Metapher des Fotografierens, ergibt sich für die Erklärung einer beispielhaften intermedialen Bestimmung gleichsam eine Vielzahl belichteter Abzüge von Erinnerung in einem Fotoalbum der Geschichte, die nichts anderes als deren eigene strukturelle Unabschließbarkeit vorführen. Thematisch wird eine solche Erinnerungsarbeit im Zeichen der Fotografie also dort, wo die Faszination für die medialen Korrespondenzen zwischen den Zeiten und den Dingen den Anschein erweckt, die Bemächtigung der Vergangenheit könne allein dadurch außer Kraft gesetzt werden, dass ein Subjekt hier seinen Blick medial auf das Vergangene richtet. Dadurch löst sich Erinnerung aus ihrer historischen Verschüttung und zutage gefördert wird das Verdrängte und Vergessene, um dieses zugleich in Frage zu stellen. Die Aufgabe der intermedialen Design-Erzählung mittels Fotografie wäre hier also sowohl die Aktualisierung von Vergangenem und das Spiel mit dessen Bedeutungen: zitierend, ironisch, melancholisch usw.

Dieser Gestus der Intermedialität fordert allerdings, erneut mit Benjamin gesprochen, eine Beschriftung, »welche die Photographie der Literarisierung aller Lebensverhältnisse einbegreift, und ohne die alle photographische Konstruktion im Ungefähren stecken bleiben muß.«[288] Diese Veränderungen und Beziehungen zwischen Medien und kulturellen sowie sozialen Punktierungen, aber auch zwischen Gestaltungen und dann auch zwischen Erzählungen, ist der Idee des Storytelling immanent; für das Phänomen der Intermedialität bleibt dabei die Frage nach der Autorschaft zentral.

Der Design-Autor

Benutzeroberflächen

Flusser hat prognostiziert, dass der Autor im Universum der technischen Bilder überflüssig wird, da Prozesse automatisiert ablaufen: Von der Erzeugung, Vervielfältigung, Distribution bis hin zu automatisierten Entscheidungen[289] – eine »Abschaffung des Mythos eines Autors von Informationen«[290]. Bolz betont, dass Hypermedien ˣ keinen Autor brauchen: »Bücher werden von Bildschirmen verdrängt; das *face to face* weicht dem Interface«: »Wo Gutenberg-Galaxis und die neue Medienwelt aufeinandertreffen, scheiden sich die Geister konkret in Programmierer und Programmierte – hier die Designer, dort die User.«[291] Es entstehe eine »*key-board society*«, in der man nur noch auf Benutzeroberflächen ˣ trifft und damit auf ein Design als die »Überbrückung der Kluft zwischen Technik und Psychologie, also den Entwurf von Benutzeroberflächen.«[292]

x
Hypermedien
Nicht-lineare (meist digitale) Medien, die vor allem durch die Verlinkung über Hyperlinks via anklickbarer Knotenpunkte auf Webseiten entstehen.

x
Benutzeroberflächen
Bzw. grafische Benutzerschnittstellen (graphical user interface – GUI), die die Anwendungssoftware eines Computers über grafische Symbole und weitere Steuerelemente nutzbar machen. Dies kann etwa über eine Computermaus (bei stationärem Rechner) oder über Gestensteuerung per Hand (bei Tablets und Smartphones) geschehen.

Flusser bezeichnet diese Designer als »Einbildner«, denn »[t]echnische Bilder sind eingebildete Flächen«; sie »stellen nicht etwas dar (obwohl sie dies zu tun scheinen), sondern sie projizieren etwas.«[293] Der Design-Autor ist dann ein Einbildner, wenn er nicht mehr allein mit »durchsichtigen« Maschinen arbeitet wie einer Schreibmaschine, bei der Vorgänge genau beobachtbar sind, sondern mit »undurchsichtigen« Maschinen wie einem Computer.[294] Dadurch muss der Design-Autor nicht mehr über genaues Wissen zu den Vorgängen verfügen, um sich ganz auf die zu gestaltende Fläche zu konzentrieren; gleichzeitig wird er aber auch entmündigt, da ihm viele Entscheidungen von den Maschinen abgenommen würden.[295]

Die ökonomisch nicht unrelevante Gefahr, die sich hinter dieser Überlegung verbirgt, besteht darin, dass durch die maschinelle Dominanz potenziell jeder Mensch zum Designer werden kann.[296] Anders gesagt: Der Design-Autor droht, im Zuge der progressiven Entwicklung und Nutzung technischer Medien zu verschwinden und damit die Idee seines Todes doch noch einzulösen. Allein sein Werk hat dann Bestand.

Auf diese These ließe sich mit Flusser erwidern, dass die vom Designer mit Maschinen bzw. die von den Maschinen mit dem Designer erzeugten Informationen keine Werke, sondern »substanzlose Botschaften«[297] sind: Informationen werden von ihren Empfängern editiert und als neue Information weitergesendet; sie sind endlos zu vervielfältigen (zu kopieren) und stellen dadurch erneut die Frage nach der Existenz des Autors und nach jener seines Werkes.

Design medial konzipieren

Informationen sind für Flusser beständiger als historische Werke, denn sie würden nicht nur »ewig« reproduziert, sondern auch in »ewigen« Gedächtnissen [x] gelagert.[298] Damit meint er, dass zukünftig Informationen ohne materielle Unterlagen produziert und aufbewahrt werden können, wodurch die Nachfrage an materiellen Unterlagen als Informationsträger rapide zurückgeht[299] – eine Prognose, die angesichts der Implikationen der Digitalität offensichtlich ist. Die vermittelten, dargestellten, erzählten Informationen sind also in gewisser Weise unvergänglich geworden, da sie immer wieder reproduziert und umgewandelt werden können, nicht zuletzt auch deshalb, da nach Flusser »alle gegenwärtigen Texte« als »Vorläufer von synthetischen Computerbildern anzusehen« sind.[300] Flusser spricht an dieser Stelle von einer Kulturrevolution, die er sich so vorstellt: »Es erscheinen Bilder, wie sie nie zuvor geträumt werden konnten. Und dabei sind die Fotos, die Filme, die Fernseh- und Videobilder, wie sie gegenwärtig um uns herumstehen, nur Vorboten dessen, was die Gewalt der Einbildungskraft in Zukunft wird herstellen können«[301].

x
Kulturelles Gedächtnis
Bezeichnung für den Anteil an Traditionen in jedem Menschen, die von Generation zu Generation und über Jahrhunderte bzw. Jahrtausende hinweg das jeweilige Selbst- und Weltbild prägen (vgl. Jan Assmann, *Das kulturelle Gedächtnis*, in: ders., *Thomas Mann und Ägypten. Mythos und Monotheismus in den Josephsromanen*, München 2006, S. 67–75, hier S. 7).

Jene Kulturrevolution verweist noch einmal auf die intermediale Durchdringung der gestalteten technischen Gegenwart bzw. tatsächlich auf ein Universum, das unterschiedliche Medienarten auf einer einzigen Benutzeroberfläche integriert. Dieser Befund gewinnt angesichts der umfassenden Nutzung von mobilen Medienendgeräten (namentlich: von Smartphones) an weiterer Virulenz.[302]

Dem Design-Autor bzw. der Design-Autorin kommen im Zuge der Informationsbelastung und Informationsüberlastung, die den Nutzern von medial-gestalterischen Objekten drohen, wenn deren Nutzung nicht mehr diskret und linear, sondern hochverdichtet abläuft, bzw. im Zuge ihrer potenziellen Verlorenheit im Hyperspace neue Aufgaben zu.[303] Auf der einen Seite kann die Hardware neuer Medien von Technikerinnen gebaut sowie die Software von Informatikern programmiert werden, auf der anderen Seite ist den Designerinnen und Designern die »Kunst des Konzeptuellen« vorbehalten, um die »Angst des Users vor der Vielfalt der Optionen« zu reduzieren:[304] »Hypermedien werden weniger programmiert als vielmehr designt. [...] Entscheidend ist [...] die Gestaltung interaktiver Einfachheit.«[305]

Diese Medienkonzeption von Design als Gestaltung hypermedialer Sequenzen ist dem Erstellen von Storyboards [x] und damit einem weiteren erzählpraktischen Verfahren überaus ähnlich.[306] Beim Gebrauch jener Medien, die auf digitalen Daten und Netzwerkstrukturen beruhen, geht es darum, auf deren Benutzeroberflächen ohne technisches (Experten-) Wissen sowohl erfolgreich zu selektieren als auch zu navigieren und sich zu orientieren, etwa mittels grafischer Selektions-, Navigations- und Orientierungshilfen, die wie ein physischer Knopf, ein Schalter oder eine Taste gedrückt oder gezogen werden können, doch dies mithin simuliert »durch bloßes Zeigen – sei es mit der Maus, sei es auf dem Touch-Screen«. »Der Schritt vom Expertensystem zu Hypermedia ist folglich ein Schritt vom Schreiber / Editor zum Designer.«[307]

x
Storyboard
Gezeichnete Fassung eines Drehbuchs oder die Visualisierung eines (Medien-)Konzepts bzw. der Idee einer medienproduktiven Umsetzung; sie werden meist zur Planung einzelner Filmszenen eingesetzt, die dann in die konkrete Gestaltung des Mediums mündet.

Bereits Flusser hat vorausgesehen, dass jedes Kind, ohne Ahnung von der Technik, Bilder empfangen, synthetisieren und weitergeben kann.[308] Umso entscheidender bleibt es für Design-Autoren, sich die Parameter und theoretischen Grundlagen des Erzählens zu vergegenwärtigen, die in den zurückliegenden Kapiteln erläutert worden sind; mithin sie zu verstehen, um sie anzuwenden – und zwar heute in erster und wichtigster Weise als Storyteller im sinnvollen (und explizit nicht im abhängigen / entmündigendem) Umgang mit neuen bzw. vornehmlich digitalen Medien. Gleichzeitig lassen sich mit Hilfe dieser Storytelling-Theorie exemplarische Design-Storys für repräsentative Designbereiche [x] präsentieren, die diese Art von Anwendung exemplifizieren.

x
Designbereiche
In der akademischen Designlehre ist die Vielfalt der vermittelten und behandelten Designfächer schillernd und kann schwerlich auf eine allgemeingültige Liste eingeschränkt werden, zumal sich Design mit dem Aufkommen neuer Medien und Gestaltungen permanent wandelt. Akzeptiert ist allerdings die Übereinkunft eines grundsätzlich inter- und transdisziplinären Charakters von Design.

Storytelling ist ein Werkzeug der Gestaltung, das über die Grenzen der Designfächer hinweg dasjenige ausmacht, was darin hervorgebracht wird: Produkte und Produktionen, die einen Zweck und / oder eine Funktion erfüllen, Handlungsanleitungen geben, Kaufanreize bieten bzw. auch die Nutzer als Rezipienten unterhalten wollen. Dies betrifft die Gestaltung von Kommunikation in verbaler und visueller Hinsicht. Es schließt gleichzeitig die Formgebung und Entwicklung von konkreten materiellen Gütern, Dingen und Systemen ausdrücklich mit ein. Design-Storys trifft man also sowohl im Kommunikations- wie im Produktdesign.

Storytelling im Kommunikationsdesign

Wie Werbung wirkt

Kaum überraschend sind Storytelling-Anwendungen in konkreten Designdisziplinen im Kommunikationsdesign am Prominentesten vertreten. Denn ein klassisches Einsatzfeld ist deren Konzentration auf Wege der bildgestalterischen Darstellung, die Werbezwecken folgen, zumal es eine Binsenweisheit ist, dass »schon ein einzelnes Bild« eine »faszinierende Geschichte erzählen« kann.[309] Die Rezeptionsforschung x hat in vielerlei Hinsicht herausgestellt, wie Menschen Informationen über die Augen bzw. den Sehsinn wahrnehmen, speichern und verarbeiten,[310] sodass es nicht verwundert, wie sehr Werbung auf visuelles Erzählen zurückgreift,[311] nicht ohne hierzu allerdings Bild und Text miteinander narrativ zu verbinden.[312] Der Begriff Visual Storytelling x betont die zentrale Rolle des menschlichen Sehsinns, womit auch noch einmal auf jene Hinwendung zum Visuellen verwiesen werden kann, die unter dem Schlagwort des Visual Turn x die Geistes-, Kultur- und Sozialwissenschaften beschäftigt.[313]

x
Rezeptionsforschung
Setzt sich mit der Fragestellung auseinander, was geschieht, wenn Menschen Angebote aus den (Massen-)Medien nutzen.

x
Visual Storytelling
Begriff, der die Sonderform des Erzählens bezeichnet, mit visuellen Erscheinungen (Bildern jeglicher Art) Narrationen umzusetzen. Dies kann in Form eines Gemäldes ebenso funktionieren wie als Fotografie, als Comic oder auch als Webseite.

x
Visual Turn
Meint die »ikonische Wende« in den Wissenschaften, d. h. die Ausbildung einer bzw. die Hinwendung zur Bildwissenschaft, was u. a. auch dazu geführt hat, Design wissenschaftlich zu betrachten.

Wird also vom Bild als Kernelement eines solchen Erzählens gesprochen, wird dieser Begriff in zweierlei Hinsicht verwendet: zum einen als etwas Gegenständliches (eine Manifestation) etwa als Gemälde oder Foto, zum anderen als mentale oder innerliche Vorstellung. Dabei klassifizieren beide Bedeutungen das Bild als Medium: mit dessen Bindung an den Prozess einer Wahrnehmung, die unter dem Einfluss bestehender Vorstellungen und erworbener Fantasien beruht.[314] Anders formuliert: Um ein gegenständliches Bild zu errichten, benötigt man immer auch Vorstellungsbilder, die in Bezug zu einer realen Umgebung stehen können, sich von dieser auch abgrenzen können und deshalb eine Eingrenzung bzw. einen Rahmen erfordern, die eine Bildfläche erzeugen und deren Inhalt genauer bestimmen.[315]

Neurologisch betrachtet, werden auch bei der Rezeption von Werbe-Storys emotionale Reize im menschlichen Gehirn ausgelöst, die sich währenddessen un- und unterbewusst mit bereits erlebten Erfahrungen und gespeicherten Wissensbeständen verbinden sowie ggf. einen Wert zugesprochen erhalten.[316] Dabei entstehen weniger Abbilder von Objekten und Vorgängen als vielmehr einzelne Strukturen bzw. Muster, die immer wieder mental ˣ in einen Zusammenhang gebracht werden können.[317]

x
Mental
Bezeichnet Denk- und Verhaltensmuster einer Person oder sozialen Gruppe, die sich im menschlichen Gehirn ausprägen.

Demgegenüber hat ein Text den Nachteil, dass er weniger universell verstanden werden kann, da er das Erlernen einer spezifischen Schriftsprache verlangt.[318] Gleichwohl realisiert sich visuelles Erzählen (zumal in der Werbung / im Kommunikationsdesign) in der Regel in der Verbindung von Text und Bild. Der Text bzw. die Schrift erschließt hier das Bild, indem ein weiterer Kontext hergestellt wird.[319] Andererseits gleicht das Bild die Linearität eines Textes aus, indem mehrere Inhalte gleichzeitig vermittelt werden können. Aufgrund dieses ganzheitlichen Charakters kann das Bild auf direkte Art und Weise eine vollständige Geschichte erzählen, wogegen sich der Sinn eines Textes oft durch die Zeichenabfolge Satz für Satz linear ergibt.[320]

Trotz dieser für die Werbung viel versprechenden Beobachtungen hat jene allerdings ein Problem: Beim viel beschworenen Kampf um die Aufmerksamkeit der Konsumenten muss sie mit kommunikativen Mitteln auf etwas aufmerksam machen, das viele anspricht und überzeugt.[321] Seit der Antike stehen dazu – gebündelt und einzeln – rhetorische Mittel ˣ zur Verfügung, die folgendermaßen eingeteilt werden können:[322]

x
Rhetorische Mittel
Sind Gestaltungsmittel bei der Produktion mündlicher und schriftlicher Texte, die im antiken Verständnis dazu dienen, die eigene sprachliche Rede bzw. den sprachlichen Ausdruck in unterschiedlichen Absichten näher auszuformen.

- »Wiederholungsfiguren«, die eine Steigerung (Klimax) bewirken;
- »Kürzungsfiguren«, die einzelne Teile auslassen (Ellipse), ohne die Verständlichkeit und Bedeutung zu schmälern;
- »Appellfiguren«, die einen auffordernden Charakter haben;
- »Tropen«, die metaphorisch das Dargestellte durch eine Variante ersetzen, um etwas Bestimmtes zu verdeutlichen.

Wenn Werbung die »öffentliche, gezielte und geplante Kommunikation der Information, der Motivation, der Überzeugung und der Manipulation eines definierten Kreises von Umworbenen zugunsten der Marktchancen eines Produktes oder des Images eines Unternehmens«[323] ist, dann ist ihrer Wirkung immer schon der Blick auf eine Zielgruppe immanent.[324] Deren Ansprache ist geprägt von der Vorstellung, die sich die Werbemacher von ihr machen (was durchaus mittels Erhebungen und Befragungen realistisch sein kann). Um die zu erreichende Zielgruppe effektiv anzusprechen (und nicht negativ aufzufallen), ist die Werbung meistens von Verschlüsselung geprägt, um die »offensichtliche Überzeugung und Manipulation der Umworbenen« zu verbergen.[325] Dazu setzt Werbung auf das, was man »starke Bilder« nennen könnte.

Eigenschaften starker Bilder

Starke Bilder zeichnen sich im Vergleich zu schwachen Bildern vorwiegend durch einen Grad an Eindeutigkeit aus, der auf den Assoziationsraum [x], den ein Bild meist aufweist, rekurriert.[326] Die Möglichkeiten einer starken visuellen Sprache, die ein Bild dazu für die Werbung aufbieten kann, lassen sich folgendermaßen klassifizieren:

x
Assoziationsraum
Betrifft die Annahme, dass bestimmte Elemente, Gefühle oder Sinneseindrücke in bestimmten Situationen und unter bestimmten Umständen kognitiv miteinander verknüpft werden können. Dadurch entsteht in vielen Fällen das, was man »Lernen« nennt.

- »Hingucker« als Erfolgsgaranten setzen menschliche Sehmuster voraus und durchbrechen sie zugleich, überraschen, verwundern und erregen letztendlich eigens Aufmerksamkeit, etwa durch eine besondere perspektivische Darstellung, eine außergewöhnliche Ich-Perspektive zum Beispiel oder ungewöhnliche Blickwinkel.[327]
- Die »Kombination mit Text« kann dazu dienen, einen Widerspruch zum Bild darzustellen, und durch eine Doppeldeutigkeit oder durch einen Wortwitz eine weitere Sinnebene zu eröffnen.[328]
- »Schnellschüsse« heißen minimalistische und klar aufgebaute Bilder, die so viel wie möglich reduziert sind und helfen, eine vermeintliche Komplexität möglichst unmittelbar für ein allgemeines Verständnis herunterzubrechen.[329]

- Ein »Augenschmaus« sind solche Bilder, die durch ihre Formsprache sowie sorgfältige und detailreiche Gestaltung kontrastiv das Bildmotiv eindrucksvoll in Szene setzen.[330]
- »Türöffner« sind jene Bilder, die darauf abzielen, die Fantasie eines Rezipienten herauszufordern bzw. diesen narrativ zu triggern [x], um beispielsweise auf eine Hintergrundgeschichte aufmerksam zu machen oder Bildmotive in eine neue Welt zu transferieren respektive diese in einer Weise umzuwidmen, dass mit einer Erwartungshaltung gebrochen wird.[331]
- »Zeitgeistbilder« setzen reales Kontextwissen und Denkbereitschaft voraus; sie referenzieren ein Thema oder Ereignisse des öffentlichen Lebens, erschließen sich überwiegend erst auf den zweiten Blick und funktionieren nur, wenn der Rezipient aufgrund seines Wissens die Geschichte hinter dem Bild erkennt.[323]
- »Trittbrettfahrer« sind Bilder, die in Echtzeit auf tagesaktuelle Themen humorvoll, gefühlvoll sowie vor allem spontan antworten – sie folgen und entsprechenden bestimmten Trends.[333]

x
Trigger
Im psychologischen Verständnis der Auslöser für einen Vorgang, der eine Empfindung, einen Affekt und damit auch Ideen und Gedanken im Moment einer Wahrnehmung und / oder Erfahrung hervorrufen kann.

Warum Storytelling in der Werbung?

Werbendes Kommunikationsdesign meint ursprünglich Printwerbung, eine der ältesten Werbeformen, die durch ein konkretes Medium eingegrenzt wird.[334] Als Printmedium [x] dient es (emotional wie sachlich) der Kommunikation eines werbetreibenden Unternehmens und hat die Chance, dass der Werberezipierende dessen Darstellung eine längere Zeit betrachten kann; jedoch werden Werbungen respektive Werbeanzeigen in der Regel nur sehr kurz betrachtet:[335] Kommunikationsdesign hat meist nur wenige Sekunden zur Verfügung, in denen eine Werbebotschaft übermittelt, verstanden und eine eigene Einstellung zu ihr geformt werden muss, die zu einer Kaufentscheidung führen kann.[336] Inhaltlich und formal gilt es daher zu beachten, persönliche Bedürfnisse, Wünsche und Erwartungen der Zielgruppe insbesondere visuell zu erfassen sowie in Formvarianten zu gestalten.[337]

x
Printmedien
Druckmedien, die auf Papierbasis beruhen (ein Verlagserzeugnis etwa wie eine Zeitung, eine Zeitschrift oder ein Buch, aber auch ein Plakat oder ein Flugblatt). Printmedien sind im Allgemeinen Informationsquellen und umfassen daher auch Kataloge, Karten, Kalender usw. Sie sind primärer Gegenstand des Kommunikationsdesigns.

Vier Elemente einer Printwerbung übernehmen diese Funktionen:[338]

1. Bilder mit »Reihenfolgeeffekt« (Bilder werden gewohnheitsmäßig als Erstes fixiert und informieren unmittelbar; durch diesen Effekt werden Bilder besser memorierbar); mit »Aktivierungswert« (Bilder unterstützen durch ihre inhaltliche und formale Gestaltung die Verarbeitung von Werbeinformationen); mit »Gedächtniseffekt« (Bilder, die Werbeinformationen anschaulich codiert »verpacken«, begünstigen die Informationsspeicherung auf der Seite der Rezipientinnen und Rezipienten); mit »Emotionsübermittlung« (Bilder sprechen persönliche Gefühle wie Freude oder Glück an und können sich im Gedächtnis damit verbinden, sodass eine positive Einstellung zur Werbung resultieren kann).
2. Überschriften, die Aufmerksamkeit erregen, wenn sie kurz formuliert sowie groß, farbig und auffällig gestaltet sind, ohne etwa mit Großbuchstaben oder Negativschriften zu übertreiben.
3. Logos, die (sichtbar platziert) eine Marke wiedererkennen lassen und deren Image weitertragen.
4. Texte, die verständlich und prägnant Fremdwörter, komplizierte oder zu lange Sätze vermeiden und stattdessen in lesbarer und erkennbarer Typografie die Werbebotschaft im Einklang (ggf. aber auch in Abgrenzung) zum Bild formulieren: direkt wie indirekt, konkret wie abstrakt, geradeaus wie ironisch usw.

Wie kann vor dem Hintergrund dieser Konstitutionsbedingungen von Printwerbung Kommunikationsdesign erzählerisch genutzt werden? Die Rechtfertigung dafür, Storytelling in der Werbung einzusetzen, ist bereits mit Blick auf eine weitere Problematik offensichtlich: Werbung will für ein Unternehmen und dessen Produkte / Produktionen Aufmerksamkeit generieren, ohne im bereits erwähnten Kampf [x] darum ein Spielverderber zu sein. Anders gesagt: »Werbung darf Unterhaltung nicht mehr unterbrechen, Werbung muss Unterhaltung sein. Werbung darf Information nicht mehr unterbrechen, sie muss Information sein.«[339] Zwischen Unterhaltung und Information angesiedelt, darf sie also die Rezipientinnen und Rezipienten nicht stören.

x
Kampf um Aufmerksamkeit
Redewendung, die darauf abzielt, dass Kommunikation im öffentlichen Raum immer darauf ausgerichtet ist, nachhaltig wahrgenommen zu werden. Da dies aber sehr viele Bereiche betrifft, entsteht ein Überfluss an Information, aus dem man versucht, herauszustechen – z. B. durch gute oder provokante Werbung.

Eine Möglichkeit, diese Herausforderung zu bewältigen, ist das Erzählen von Geschichten. Damit kann emotional und implizit Verhalten (insbesondere: Kaufverhalten ˣ) beeinflusst werden, indem etwa Informationen gefiltert werden und Relevantes speicherbar wird. Storytelling leistet für die Werbung also:

- Aufmerksamkeitserregung
- Konzentrationssteigerung
- Erinnerungsverstärkung
- Überzeugungsarbeit

Diese Leistungen werden im Folgenden an einer Reihe ausgewählter Beispieluntersuchungen veranschaulicht. Es handelt sich um visuelle Werbekampagnen ˣ – für den WWF (als Beispiel einer Non-Profit-Hilfsorganisation), für McDonald's (als Beispiel eines globalen Fast-Food-Unternehmens) und für die *Frankfurter Allgemeine Zeitung* (als Beispiel eines überregionalen Medienhauses).

Story-Analyse 1

Die WWF-Kampagne *Exploiting The Ecosystem Also Threatens Human Lives* umfasst eine Reihe von Anzeigen, aus der *Horrifying – More Horrifying* (siehe S. 86) heraussticht. Dort werden zwei fast identische Fotos verglichen, auf denen das ruhige, offene Meer zu sehen ist, das fließend bis zum Horizont reicht. Auf dem rechten Foto ist nichts Weiteres zu sehen, auf dem linken Foto ist zusätzlich eine Tierflosse zu erkennen. Die Bilder sind durch eine schmale Linie getrennt. Im unteren Drittel des linken Bildes ist das Wort »Horrifying« in Versalien zu lesen. Auf gleicher Höhe im rechten Bild stehen die beiden Worte »More Horrifying«, ebenfalls in Versalien. Das Logo des WWF befindet sich mittig unterhalb der Fotos. Rechts davon wurde der Slogan des WWF platziert inklusive Internetadresse, links davon der Slogan ˣ der Werbekampagne.

x
Kaufverhalten
Ist das Verhalten von Käuferinnen, Konsumenten und / oder Kundinnen in Bezug auf den Erwerb von Waren. Die Werbung versucht seit ihrem Bestehen, dieses Verhalten zu prognostizieren, um zielgerichtet darauf zu reagieren.

x
Werbekampagne
Aktionen im Kontext von Werbung, die meist zeitlich befristet sind und mehrere Werbemittel und Darstellungen umfassen können. Zur Umsatz- bzw. Gewinnsteigerung sowie zur Steigerung der Marktposition oder zur Einführung neuer Produkte werden sie zielgerichtet, strategisch und konzeptionell vorgenommen.

x
Slogan
Einprägsamer Werbespruch, der außer in der Werbung auch in der Politik (z. B. im Wahlkampf) Einsatz findet. Ein Slogan betont die Vorteile des Beworbenen, kann aber auch Unterschiede zur Konkurrenz formulieren, eine treffende Aussage demonstrieren, humorvoll sein, anschaulich wirken und auch Wünsche oder einen Bedarf vermitteln.

Praxisbeispiel
Horrifying – More Horrifying aus der WWF-Anzeigenserie *Exploiting The Ecosystem Also Threatens Human Lives* (www.adsoftheworld.com/media/print/wwf_shark_o).

Im Ganzen zeigt die Anzeige eine deutliche Botschaft, die dazu auffordert, die Ausbeutung der Tierwelt zu stoppen. Aufgrund des Reihenfolgeeffekts wird das linke Bild erfahrungsgemäß zuerst wahrgenommen. Die Tierflosse könnte zu unterschiedlichen Tieren gehören. Doch durch gelernte Muster wird die Flosse als Haiflosse identifizierbar. Der Text »Horrifying« (= furchterregend) bestätigt diesen Eindruck. Durch den einheitlichen Hintergrund wird die Aufmerksamkeit auf die Haiflosse und den leeren Platz, an dem sie auf dem rechten Bild sein sollte, gelenkt. Somit wird das Fehlen der Flosse noch einmal verstärkt.

Auffallend ist, wie sehr in dieser Werbekampagne eine große Emotion (Furcht) angesprochen und vermittelt werden soll. Obwohl eine Haiflosse im offenen Meer – nicht zuletzt durch intertextuelle Bezüge zu Kinofilmen wie *Der weiße Hai* – negativ konnotiert ist, erzählt das Plakat die Geschichte, dass eine Welt gänzlich ohne Haie weitaus schrecklicher wäre, als einem Hai auf offener See zu begegnen. Ohne ein gesundes, nachhaltiges Ökosystem kann die Menschheit nicht überleben – so erzählen wir zumindest diese Story in unserem Gedächtnis im Akt der Rezeption weiter. Jedes Tier, lautet die Botschaft, ob gefährlich oder nicht, muss vor Ausbeutung und Ausrottung geschützt werden, was ebenfalls die oben genannte Kampagnenaussage unterstreicht. Denn das Aussterben von Tieren hat Auswirkungen auf das menschliche Leben.

Die Überschrift ist zurückhaltend bzw. unauffällig gestaltet und steht unter den beiden Fotos. Das Hauptaugenmerk soll auf diese gerichtet und mit der Überschrift nur noch einmal unterstützt werden. Das Logo dient durch seine mittige Platzierung der Trennung zwischen Überschrift und dem eigenen Werbeslogan. Durch die besondere Platzierung erhält das Logo ebenfalls besondere Aufmerksamkeit.

Konfrontiert man die Werbeanzeige mit erzählerischen Mitteln und Techniken, so fällt hinsichtlich der Zeit auf, dass es einen großen Unterschied zwischen Erzählzeit und erzählter Zeit gibt. Die Erzählzeit betrifft die Betrachtungsdauer des Bildes und ist daher sehr kurz. Die Dauer der Betrachtung ist allerdings von Rezipient zu Rezipient unterschiedlich. Die erzählte Zeit ist dagegen relativ lang, da mit dem Bild die gesamte Geschichte von der Zerstörung der Artenvielfalt durch die Menschen erzählt wird. Die Erzählgeschwindigkeit ist somit viel schneller als die eigentliche Story. Die Anordnung der beiden Bilder erfolgt in diesem Zusammenhang gemäß der eigentlichen zeitlichen Reihenfolge. Durch die Trennung mittels einer schmalen Linie werden die beiden Zeiten voneinander getrennt. Da der äußere Rahmen relativ breit ist, wird durch die dünne Trennlinie klargemacht, dass zwischen den beiden Fotos nur ein kurzer zeitlicher Abstand liegen könnte.

Betrachtet man den WWF als den Erzähler der Geschichte, so lässt sich mit Blick auf den Modus eine Nullfokalisierung konstatieren, da der WWF mehr über den Zustand der Welt weiß, als die Menschen, die die Tierwelt zerstören. Der WWF richtet die Werbeanzeige grundsätzlich an alle Menschen und nicht nur an diejenigen, die sich bewusst an der Ausbeutung der Tierwelt beteiligen. Das Werbebild ist also nicht für eine bestimmte Zielgruppe gedacht, sondern es soll grundsätzlich alle ansprechen, die es betrachten. Um diese von der eigenen Botschaft bzw. dem eigenen Anliegen zu überzeugen,[340] nutzt der WWF für die Benennung der beiden Fotos eine rhetorische Wiederholungsfigur. »More Horrifying« ist die grammatikalische Steigerung von »Horrifying«. Einsatz findet dementsprechend eine Klimax [x]. Durch diese und die visuellen Versalien wird der Inhalt des Gesagten und Gezeigten verstärkt und die Dramatik der Situation verdeutlicht.

x
Klimax
Altgriechisch für »Treppe« oder »Leiter«, meint die stufenartige Steigerung des Ausgesagten. In der Rhetorik ist sie ein beliebtes Mittel, um den Übergang und Fortschritt von etwas zu verdeutlichen.

In einer anderen Kampagne gelingt es dem WWF in ähnlicher Weise, nicht für die eigenen Vorzüge, sondern für die eigenen Ziele visuell erzählend zu werben. *Deforestation* ist dabei sogar ohne Slogan zu verstehen: Gezeigt wird, dass der Wald die Lunge der Erde ist und die Menschheit ihn zur eigenen Existenz benötigt, da der Wald den lebensnotwendigen Sauerstoff zum Atmen produziert. Gefährdet die Menschheit den Wald und damit das globale Ökosystem durch großflächige Entwaldung, ist auch das menschliche Leben durch die geringere Aufnahme von Sauerstoff durch die Lunge gefährdet. Der Slogan »Before it's too late« mit dem Logo am rechten unteren Bildrand ist nicht für die Entschlüsselung der Bildbedeutung notwendig, verdeutlicht jedoch erneut die Dramatik der Botschaft und weist darauf hin, dass die Menschheit etwas dagegen tun kann – beispielsweise durch Spenden an die Umweltschutzorganisation WWF.

Praxisbeispiel
Deforestation, WWF-Werbekampagne (www.adsoftheworld.com/media/print/wwf_lungs).

Durch den Blick des Betrachters von oben auf das Bild (= Vogelperspektive) befindet sich dieser in einer geradezu mächtigen Position. Allerdings erscheint er zugleich als kleiner Teil einer großen Welt. Die Vogelperspektive wird dadurch zielführend eingesetzt, dass sie dem Betrachter die Verantwortung der Menschheit, die sie besitzt, verdeutlicht.

Dabei stützt sich die Werbeanzeige auf die erfolgreiche Kombination mehrerer Bildkonzepte. Das Bild ist Hingucker, Schnellschuss, Türöffner als auch Zeitgeist entsprechend. Denn es wird zum einen durch die Bildmontage [x] ein ungewöhnlicher Blickwinkel ermöglicht und der Wald bildlich zu einer Lunge umgewidmet, was wenigstens unerwartet ist. Zum anderen wird Zeitgeist geweckt, da ein gewisses Kontextwissen in geringfügigem Maße sowie eine globale Sichtweise erforderlich sind. Zwar wird mit dem Bild nicht auf ein gezieltes Ereignis verwiesen, jedoch wird mit dem Motiv der globalen Entwaldung auf ein gegenwärtiges Problem aufmerksam gemacht.

x
Bildmontage
Technik, die verschiedene Elemente miteinander auf einem Bild kombiniert. Durch das Zusammenfügen wird eine neue Komposition erreicht und dadurch auch eine andere bzw. neue Aussage, als dies in den einzelnen Elementen vorhanden ist.

Des Weiteren erzählt der WWF vor allem auch dadurch, dass die aktuelle Thematik der Entwaldung als sinnstiftendes Motiv gewählt wird, und das Bild hierfür eine wirkungsvolle Basis bildet. Der Wald wird zum Helden der Geschichte, der jedoch durch den Menschen als Antihelden gefährdet ist und diesem gegenübersteht. Der Konflikt der Story ergibt sich aus dem Kontrast von Wald und Entwaldung, aber auch durch die Anordnung des Waldes als widersprüchliches Bildelement.

Die gleiche Thematik der Entwaldung greift im Übrigen die WWF-Kampagne *We cut off something that doesn't grow again. Wherever the rain forest is cleared, barren ground remains* auf. Zwar hat hier das Bildmotiv keinen derart universellen Charakter wie das Bild vom Wald als »Lunge der Menschheit«. Jedoch kann in diesem Fall die Wirkung der visuellen Erzählung durch den Text des Slogans, der prägnant auf die Problematik verweist und damit einen Kontext herstellt, gefördert werden: Wie ein von einer menschlichen Hand abgetrennter Finger, der nicht mehr nachwachsen kann, wird die Zerstörung des Regenwaldes thematisiert, von dem kein fruchtbarer Boden mehr übrig bleibt. Dadurch, dass ein gewisses Kontextwissen zur Abholzung des Regenwaldes notwendig ist, wird auch hier der Zeitgeist angesprochen. Der Konflikt entsteht durch die beiden gezeigten Bildelemente (Hand ohne Daumen und Baum, der daneben liegt) und zudem durch die dabei entstehende, irritierende Perspektive, da der Baum die gleiche Größe hat wie der nicht gezeigte abgetrennte Daumen, wodurch dieser an dessen Stelle tritt.

Praxisbeispiel
WWF-Werbekampagne *We cut off something that doesn't grow again. Wherever the rain forest is cleared, barren ground remains* (www.behance.net/gallery/11136591/WWF-Rainforest).

Story-Analyse 2

Die McDonald's-Werbekampagne *The Real Milkshake* besteht aus fünf Anzeigen, von denen *The Real Milkshake – Skipping Rope* besondere Aufmerksamkeit verdient. Auf dessen Bild ist eine idyllische Landschaft im Sommer zu sehen. In der Mitte ist eine Kuh mit einer Glocke um den Hals abgebildet. Links und rechts von ihr stehen zwei Mädchen, die ein Springseil in der Hand halten, über dem die Kuh steht. Die drei befinden sich auf einer grünen Wiese voller Löwenzahnblumen, die ein Wald begrenzt. Der blaue Himmel zeigt gutes Wetter an. Weiter hinten auf der Wiese kann man zwei weitere grasende Kühe entdecken. Unten rechts im Bild ist das McDonald's-Logo mit dem Slogan zu sehen. Links daneben steht die Kampagnenüberschrift »The Real Milkshake«.

Praxisbeispiel
McDonald's Werbeanzeige *The Real Milkshake – Skipping Rope* aus der Werbekampagne *The Real Milkshake* (http://creativity-online.com/work/mcdonalds-the-real-milkshake-skipping-rope/28339).

Offensichtlich möchte die Werbeanzeige vermitteln, dass die Milchshakes des beworbenen Unternehmens frisch sind und direkt von der Kuh stammen. Da das Bild die gesamte Anzeige einnimmt, wird es als Erstes wahrgenommen. Durch den eher schlichten Hintergrund fällt das Auge des Betrachters mutmaßlich zuerst auf die Kuh selbst und anschließend auf die beiden Kinder und das Springseil. Die Irritation, die dadurch entsteht, betrifft den Sinn des Gezeigten. Um was geht es hier? Erst durch den semantischen ˣ Gehalt der Kampagnenüberschrift wird klar, was McDonald's mit der Anzeige aussagen möchte. Werden dazu die Kampagnenüberschrift, das Logo und der Slogan wahrgenommen, erschließt sich ein Verständnis. Die Schmuckelemente – die Kühe im Hintergrund, die hellen und freundlichen Farben ˣ usw. – tragen zur Atmosphäre des Bildes bei. Es soll trotz der ungewöhnlichen Situation ein Gefühl von Heimat und Glück auslösen.

x
Semantik
Altgriechisch für »bezeichnen« / »ein Zeichen geben«, ist die Lehre von den Bedeutungen der Zeichen, sowohl von Symbolen und Metaphern als auch von Sätzen, Satzteilen, Wörtern oder Wortteilen.

x
Freundliche Farben
Alltagssprachliche Redewendung, die eine psychologische Wirkung von Farben unterstellt: Gelb soll z. B. belebend, Rot aktivierend, Blau entspannend und Grün beruhigend wirken.

Die Überschrift ist durch ihre Platzierung unten rechts sehr zurückhaltend und unauffällig. Außerdem tritt sie auch durch ihre Schriftgröße und Schriftart ˣ zurück. Da sie in den Hintergrund rückt, wird der Betrachter erst einmal zum Nachdenken angeregt, bevor er durch ihre Lektüre die Auflösung dieser visuellen Story erfährt. Das Logo und der Slogan sind in der unteren rechten Ecke gut sichtbar platziert und fügen sich farblich ins Bild ein.

x
Schriftästhetik
Meint die auf Wahrnehmung und Schönheit konzentrierte Auffassung von schriftlichen Zeichen, die der Typographie einen eigenen ästhetischen Wert zuschreibt.

Narratologisch lässt sich für die Zeit ein Unterschied zwischen erzählter Zeit und Erzählzeit feststellen. Die Erzählzeit ist erneut die Betrachtungsdauer und daher wiederum sehr kurz. Die Dauer der Betrachtung hängt auch hier vom Rezipienten ab. Die erzählte Zeit umfasst die Geschichte einer glücklichen Kuh auf der Weide, die zufrieden ist und gewissermaßen Spaß am Leben hat. Der Eindruck soll entstehen, dass die Kühe, von denen das Unternehmen seine Lebensmittel »herstellen« lässt, von Hand gemolken werden und der Milchshake mit dieser Milch frisch zubereitet wird. Die erzählte Zeit ist somit länger als die Erzählzeit. Der Erzähler lässt sich mit dem Unternehmen selbst identifizieren, der mit dem Werbebild einen bestimmten Zeitpunkt der Geschichte auswählt und anbietet.

Mit der Überschrift findet dann eine Prolepse statt, also eine Aussage darüber, was in der Zukunft passiert. Die Erzählung wird auf diese Weise auch in die Zukunft verlagert und vom Erzähler sozusagen prophezeit. In dieser Zukunft ist der Erzähler – durch die angedeutete Zubereitung des Milchshakes – auch aktiv an der Geschichte beteiligt, zum Zeitpunkt des Geschehens allerdings noch nicht.

Story-Analyse 3

Kluge Köpfe (siehe S. 94) heißt eine Kampagne der *Frankfurter Allgemeinen Zeitung* (*F.A.Z.*), die seit 1995 (vielfach ausgezeichnet) jeweils eine Person in den Mittelpunkt stellt, deren Geschichte in einem Bildmotiv inszeniert wird, ohne allerdings das Gesicht der Person zu zeigen.[341] Dabei werden die Betrachter dazu verleitet, über das Bild zu rätseln und anhand eines kleingedruckten Namens sowie einer Berufsbezeichnung der im Bild gezeigten Person den Zusammenhang mit der Geschichte dahinter zu verstehen.

Ein bekanntes Bild der Kampagne visualisiert zwei Elefanten, wobei der eine Elefant größer (und mächtiger) als der andere erscheint und auf dem kleinen Elefanten eine Person mit verschränkten Beinen sitzt, die eine Zeitung liest. Erst auf den zweiten Blick wird durch das Lesen des Textes »Till Brönner, Trompeter« im linken oberen Eck des Bildes und durch die Angabe des Slogans »Dahinter steckt immer ein kluger Kopf« das Bildmotiv ersichtlich. Sowohl die Elefanten als auch die Person Till Brönner im Bild sind Trompeter, wodurch der doppelte Boden bzw. die Zweideutigkeit des Kampagnenbilds realisiert wird. Die Verwendung des Motivs eines riesigen Elefanten im Bild wird zum wiederholten Male durch Hintergrund- bzw. Zeitgeistwissen erklärbar: Till Brönner, ein berühmter Jazztrompeter, gewann mehrere nationale und internationale Musikpreise und gilt als musikalische Ausnahmeerscheinung. Ebenso wie der riesige dargestellte Elefant ist Brönner durch seine Erfolge ein großer Trompeter und Held seiner Profession.

Praxisbeispiel
FAZ-Anzeigenserie *Kluge Köpfe* (http://verlag.faz.net/unternehmen/kluge-koepfe/trompeter-unter-sich-till-broenner-tritt-fuer-die-f-a-z-auf-11491051.html).

Kein schnelles als vielmehr ein spielerisch zu entdeckendes Bildverständnis zeichnet dieses Visual-Storytelling-Beispiel aus. Ohne die Figur und den genannten Namen würde die Darstellung der beiden Elefanten keine Geschichte bedeuten.[342] Erst die Person hinter der Zeitung ermöglicht als sinnstiftendes Motiv ein Erzählen.[343] Spannung ergibt sich weniger aus einem tatsächlich im Bild stattfindenden Konflikt, sondern auf gestalterische Art. Der gestalterische Konflikt wird durch den Größenunterschied der Tiere sowie durch den starken Farbkontrast zwischen dem Grau der Elefanten und dem Blau des im Hintergrund abgebildeten Himmels konstituiert.[344]

Storytelling im Produktdesign

Von der Produktsprache zur Produkterzählung

Eine zentrale gestalterische Frage, die auch für Großdesigner wie Dieter Rams ˣ von enormer Bedeutung ist, lautet, was gutes Design ausmacht.[345] Storytelling antwortet darauf zunächst kommunikativ: mit Text und Bild. Doch Design äußert sich auch materiell: als gestaltete Artefakte, die dabei in gleicher Weise Erzählungen realisieren, wie es beispielsweise Printwerbung verbal-visuell vermag.

Produktdesign verfügt ebenfalls über eine Art von Sprache, die entschlüsselt werden muss, um verstanden zu werden. Man muss, um dies zu erreichen, dieselbe Sprache wie die zu benutzenden Produkte sprechen. Allerdings ist diese Sprache oftmals unsichtbar[346] und versteht sich eher als intuitiv zu nutzendes Angebot (und nicht als klare Äußerung). An diesem Punkt kann Storytelling im Produktdesign ansetzen, das die Produktsprache in der ihm eigenen Weise komplettiert. Damit geht Produktsprache zur Produkterzählung über.

Um dies in der Praxis zu erreichen, ist es für die entsprechenden Produkterzähler wiederum notwendig, deren Theorie zu kennen. Jochen Gros ˣ, Dieter Mankau ˣ und Richard Fischer ˣ haben an der Hochschule für Gestaltung Offenbach am Main eine solche theoretische Grundlegung formuliert, die bis heute das Produktdesign als »Offenbacher Ansatz« wenigstens beeinflusst.[347] Hinzu genommen werden sollten zudem die designwissenschaftlichen Überlegungen Siegfried Masers ˣ, auf die sich etwa Gros an vielen Stellen bezieht.[348] Theorie kommt einerseits erneut die Identität einer Redeweise zu, die Praxis im Vorfeld begründen oder im Nachgang rechtfertigen bzw. auch kritisieren kann. Theorie argumentiert und reflektiert also auch im Produktdesign die Praxis.[349] Das heißt andererseits aber nicht, dass durch gute Theorie zwangsläufig gute Praxis entsteht. Theorie ist eine Hilfestellung zur Praxis, die einen Zuträgerdienst erfüllt. Und die Brücke zwischen Theorie und Praxis vermag ein ums andere Mal das Erzählen zu sein.

x
Dieter Rams
***1932**
Wichtiger deutscher Industriedesigner der Moderne, der v. a. für den Elektrogeräte-Hersteller Braun tätig war und mit seinen Entwürfen als Leiter der Abteilung »Formgebung« Klassiker des Produktdesigns vorgelegt hat.

x
Jochen Gros
***1944**
Deutscher Designtheoretiker und Produktdesigner, der bis 2003 an der Hochschule für Gestaltung Offenbach am Main lehrte.

x
Dieter Mankau
***1941**
Deutscher Designer, der bis 2007 Technische Produkte und Produktsysteme an der Hochschule für Gestaltung Offenbach am Main lehrte.

x
Richard Fischer
***1935**
Deutscher Produktgestalter. Er lehrte bis 1999 Produktdesign und Anzeichenfunktionen an der Hochschule für Gestaltung Offenbach am Main.

x
Siegfried Maser
1938–2016
Deutscher Philosoph, Mathematiker und Physiker. Lehrte u. a. an der Hochschule für Gestaltung Ulm, an der Hochschule für Bildende Künste Braunschweig sowie an der Bergischen Universität Wuppertal.

Storytelling kann auch hier sowohl die Benutzung als auch das dabei Wahrgenommene leitend transportieren – sei es ein Industrieprodukt, ein Architekturobjekt, eine digitale Anwendung oder ein spezielles Einzelstück. Die Messung desjenigen, was man die »subjektive Bewertung bei der Nutzung eines Produkts« nennen könnte, erfordert auch hier die Interpretation der gestalteten Phänomene.[350] Für Gros wird eine solche dadurch geleitet, dass ein Produkt methodisch funktionierend, widerspruchsfrei, vollständig und wahr sein soll, doch ist auch darin ein starker Moment der subjektiven Meinungsbildung immer schon vorhanden, was in der Rede vom sogenannten Nasenfaktor offensichtlich ist,[351] der auf spontanem Urteilsvermögen auf der Grundlage von Nutzungs- und / oder Herstellungswissen beruht.

Nicht das Faktische steht dann bei der Bewertung eines Produkts im Vordergrund, sondern dessen Verifizierung durch Zustimmung einer Mehrheit. Der Theorie der Produktsprache ist damit der Charakter weniger des Faktischen als vielmehr des Fiktiven inhärent: der Anleitung dazu, eine bestimmte Vorstellung von einem Produkt zu haben und diese mit der eigenen Gestaltung buchstäblich anzusprechen.

»Why Telling a Product Story?«

Das Verhalten eines Produktdesigners ist im Sinne von Gros mit der Identität als Handwerker äquivalent: Wie der Tischler sein Produkt (beispielsweise einen Tisch) entwirft und herstellt, sind Produktdesign-Erzähler Autoren, die ihre Storys erfinden und ihren materiellen Produkten regelrecht einschreiben; d. h., sie laden sie mit erzählerischem Gehalt auf, um der Gefahr vorzubeugen, »irgendein« Produkt zu machen. Durch Einschreibung und Aufladung wird eine Beziehung konstituiert, die der benutzende Mensch zum benutzten Objekt qua Produktdesign herstellt.

Diese Mensch-Objekt-Verbindung intensiviert Storytelling und stellt dazu eine Sprache zur Verfügung, die auf die Sinne und deren psychischen Wirkungen gleichsam setzt. Gros formuliert dies so: »Wir definieren die Produktsprache somit als diejenigen Mensch-Objekt-Relationen, die über unsere Wahrnehmungskanäle, über unsere Sinne, d. h. als psychische Produktwirkung x , vermittelt werden. Als praktische Funktionen bezeichnen wir entsprechend alle Mensch-Produkt-Relationen, die nicht über unsere Wahrnehmungskanäle vermittelt werden, sondern über direkte physische Produktwirkungen zustande kommen.«[352] Im Sinne der Produktsprache ist die Produkterzählung eine Scharnierstelle, die physische und psychische Faktoren zumindest in eine Spannung bringt.

x
Produktwirkung
Die Marktforschung versucht, mit analytischen und befragenden Methoden Eigenschaften von Produkten wie Geruch, Geschmack, Textur und Haptik, optisches und akustisches Erscheinungsbild usw. zu charakterisieren und zu optimieren.

Ein Beispiel für die Möglichkeiten, mit Produkten gestalterisch Geschichten zu erzählen, und damit kommerziell überaus erfolgreich zu sein, sind Hervorbringungen des Produktdesigns, die in jüngerer Zeit mit dem Begriff »smart« x benannt worden sind. Im Englischen gibt es hierfür eine auffällige Unterscheidung in dessen Bedeutung: Auf der einen Seite kann »Smart« als Nomen im Deutschen mit »der Schmerz« übersetzt werden ebenso wie mit »das Brennen«, und in seiner verbalisierten Form heißt »to smart« dann entsprechend »schmerzen« bzw. »wehtun«. Auf der anderen Seite wird das Wort »smart« dazu verwendet, um einen Neunmalklugen, einen Naseweis und Pfiffikus, einen Schlauberger und Besserwisser – ein helles Köpfchen zu bezeichnen.

x
smart
Begriff, der hier die vermeintlich »einfache« und »kluge« Benutzung von Medien und Gestaltung suggeriert.

Diese begriffliche Differenz zeigt das Problem, das sich ergibt, seitdem Kommunikationstechnologien ihre Produkte und Produktionen mit dem Wort »smart« benennen. Zwar soll damit offensichtlich das Elegante, Gewandte und Kluge des jeweiligen Gerätes schon in der Benennung hervorgehoben werden. Doch mittlerweile wissen wir, welchen schmerzhaften Preis wir etwa angesichts von Big Data x oder Lifelogging x hierfür bezahlen: Die potenzielle Transparenz des eigenen Verhaltens.[353]

x
Big Data
Bezeichnet große, komplexe Datenmengen, die bei der Nutzung von digitalen Medien entstehen und die auch ohne Wissen des Nutzenden erhoben, gespeichert und weiter verarbeitet werden können.

x
Lifelogging
(Life Tracking) sagt aus, wie mittels bestimmter Medien verschiedene Aktivitäten des täglichen Lebens protokolliert werden, z. B. die eigene sportliche Betätigung oder das Essverhalten.

Folgende Vorstellung lässt sich daher von dem Verhältnis des Menschen zur Technik – oder von der Technik als einem Verhältnis des Menschen – vorschlagen, die der Idee der Theorie der Produktsprache als Produkterzählung entspricht: Der Mensch erschafft Technik, um auf elegante, gewandte und kluge Art und Weise in der Welt zu handeln; er muss dazu allerdings ein gewisses Maß an Leid (oder: an Schattenseiten) wenn nicht hinnehmen, dann doch ertragen. Diesen Effekt unterstützen Faktoren des Erzählens, die die Produkte regelrecht versprühen.

Bei diesem Handeln, das technologische Neuheiten in menschlichen Kulturen anbieten, um Kommunikation zwischen Menschen zu ermöglichen, gibt es eine Tendenz, die bereits erwähnt worden ist und erneut ins Auge springt: Lange wurden Medienprodukte, die Resultate und Manifestationen der Kommunikationstechnologie sind, mit Werkzeugen bedient, d. h. beispielsweise mit Tasten und Schaltern oder (betrachtet man die Erfolgsgeschichte der Computernutzung) mit Tastaturen und Mäusen. Seitdem es Smartphones und Tablet-PCs gibt, werden diese Hilfsmittel wenn überhaupt nur noch virtuell auf einem Bildschirm simuliert.[354] Wir bedienen die gestalteten Gehäuse und Hüllen solcher Medienobjekte direkt mit dem Körper, der Stimme, der Hand und den Fingern und, im Fall von Google Glass und anderen Medienbrillen, im Übrigen auch mit unseren Augen, mit unseren Blicken.[355]

Praxisbeispiel
Google Glass
Eine Art Brille mit optischem Display, mit deren Hilfe man Informationen aus dem Internet beim Blick durch die Brille angezeigt erhalten oder auch digital fotografieren kann, was man durch die Brille in der Realität erblickt.

All diese Befunde und Beobachtungen, die der Begriff des »Smarten« für das Produktdesign entfaltet, geben deutliche Hinweise auf eine Unmittelbarkeit, wie sie sich für »Produkt-Storys« ergibt und die exemplarisch nachvollzogen werden kann, wenn nach dem »Warum« dieses Storytelling dessen »Wie« nachvollzogen wird.

Eine Produktgeschichte

Die Bedienung neuer, insbesondere mobiler Medien ist eine Frage der Wahrnehmung und Empfindung, und die Vorstellung eines zwischen Eleganz / Gewandtheit / Klugheit und Schmerz / Wehtun schwankendem Tuns gelingt vor allem, wenn dieser Faktor mit der Frage nach dem entsprechenden erzählerischen Design kurzgeschlossen wird. Denn dass sich dadurch nicht allein die Mediennutzung und damit auch die Kommunikation verändert, sondern dass es ebenfalls neuer Gestaltungen bedarf – ob neue Mediengehäuse, neue Bildschirmoberflächen oder Bedienhilfen – ist evident.

Dass das Produktdesign dieser Neuheiten gerade das Mensch-Technik-Verhältnis ebenfalls neu privilegiert, ist eine Entwicklung, die erst ein jüngst hervorgebrachtes Medium aufs Deutlichste unterstreicht: Die Apple Watch gibt sich äußerlich als Uhr zu erkennen und auch darin zeigt sich ihr gestalterischer Wert; gleichzeitig vereint sie in ihrer Form und Funktion all jene Zuschreibungen, die geradezu ein neues Menschenbild – oder vielmehr: ein technologisch neu gezeichnetes Bild vom Menschen – intendieren und dazu die Geschichte dieses Bilds inszenieren.

Praxisbeispiel Apple Watch
Eine sogenannte Smartwatch, die verschiedene Anwendungen eines Computers und auch eines Smartphones in Gestalt einer Armbanduhr kombiniert.

Das Aussehen der Apple Watch kann man schön finden oder nicht. Diese Kategorie spielt qua ihres Gehalts als subjektives Geschmackskriterium auch an dieser Stelle nur eine untergeordnete Rolle. Zu leisten wäre eine Kommentierung ihrer Parameter, die sich aus narrativer Sicht auf die beiden folgenden Punkte konzentrieren:

Die Apple Watch ist rechteckig und misst in der Edelstahlvariante ca. 42 mm in der Höhe sowie ungefähr 1 cm in der Dicke; sie wiegt dann 125 g, d. h., die Apple Watch ist groß und schwer, doch ihr Bildschirm ist klein. Spezifischer gesagt: Sie ist zu groß und zu schwer und ihr Bildschirm zu klein. Warum? Das spezifische Kriterium für ein Artefakt, das am Handgelenk getragen wird, ist seine Tragbarkeit, sein Tragekomfort.

Selbstverständlich haben für das Design von Uhren immer schon kulturelle Zuschreibungen existiert, die für die Geschlechterdifferenz je unterschiedlich ausgelegt worden sind (etwa so: der Mann trägt große Ziffernblätter, die Frau kleine – aus den üblichen, klischeehaften Gründen, an denen sich die Industrie meistens orientiert). Doch dieser Fall liegt anders: Die Uhr ist nicht nur Uhr; sie ist auch eine Art Mini-Computer. Deshalb verfügt sie nicht nur über ein digitales Ziffernblatt, sondern über einen Bildschirm, der vor dem Hintergrund der Etablierung von Smartphones und Tablet-PCs ein berührungssensitiver Touchscreen ist. Genderdesign x -Kategorien werden daher zwangsläufig weniger wichtig.[356]

x
Genderdesign
Geht von dem Befund aus, dass Geschlecht sowohl biologisch als auch sozial konstruiert ist und eine Geschlechterkultur auch unterschiedliche Designmerkmale für entsprechende Geschlechterkategorien bedingt.

Aber um das Handgelenk ist kein Smartphone- oder Tablet-Bildschirm zu tragen, obwohl dies doch nötig wäre, um Text überhaupt adäquat lesen oder Bilder und Videos adäquat anschauen zu können. In dieser Situation befindet sich die Apple Watch, die sich dessen bewusst ist und daher gleichsam einen notwendigen Partner (vielleicht auch: einen Zwilling) benötigt: Ohne Bluetooth-Verbindung zu einem iPhone bleibt sie nur eine Uhr, die digital die Zeit anzuzeigen vermag. Deshalb korrespondiert ihr Interface-Design auch mit demjenigen von Apple-Software-Produkten – dieselben Symbole und Bildmarken tauchen als runde Kreise in der Menüsteuerung auf.

Das, worauf diese Form in letzter Instanz verweist, ist auch deswegen gleichzeitig ein Wert, der einerseits dem iPhone als eine Art Lebenspartner, als Lustobjekt und Statussymbol, als soziales Indiz und regelrechte Körperprothese[357] entspricht und der andererseits aber auch dem Charakter einer Luxusuhr gerecht wird (angeboten wurde zeitweise eine Apple-Watch-Variante aus 18 Karat Rosé- oder Gelbgold – Preis: 13.000–18.000 Euro). Schließlich bleibt eine Uhr vor allem für Männer oft der einzige Schmuck, der ihnen zugestanden wird (das soziale Geschlecht bleibt also von Bedeutung), und auch damit spielen die verschiedenen Uhrenmodelle auf dem Markt (von Piaget, Longines, Tag Heuer, Omega, IWC, Nomos, Breitling, Glashütte oder Patek Philippe).

Die Zuschreibung und damit der Verkauf und das Marketing dieser wertvollen Dinge zielt auf folgende Aussagen ab: es handelt sich um keine Wegwerf- oder Gebrauchsgegenstände; verfügbar wird durch sie ein emotionaler Wert, der besagt, das Produkt kann nicht einfach gebraucht werden, sondern hat das Potenzial zum Erbstück, weil es einzigartig ist, seinen Träger besonders macht, ihn sozusagen fortleben lässt – ganz abgesehen davon, dass man mit ihm zum Mitglied einer Art Gemeinde wird (genau das verheißt Apple, seitdem es diese Unternehmung gibt). Vielleicht steuert man die Apple Watch aus diesen Gründen auch nicht nur mit einem Knopf, sondern mit einer drehbaren digitalen Krone – das ist eine der Geschichten, die dieses Produkt erzählt und bei der Technik und Technologie als Erzählinstanz fungieren.

Was die Apple Watch außer dieser Werthaftigkeit ausmacht, sind ihre technologischen Möglichkeiten als tragbare Datenverarbeitungsmaschine, als Wearable Computing [x]. Dessen Dimensionen sind bei diesem Produkt insbesondere in zweifacher Weise realisiert worden: mittels »Force Touch« und »Taptic Engine«. Force Touch meint die Nutzung des Bildschirms, der mittels eines festen Drucks auf das Display funktioniert (beim PC hat man dazu den rechten Mausklick zur Verfügung; »Trackpads« von Laptops werden bereits in dieser Art gelenkt); Einstellungen können dann geändert oder bestimmte Aktionen gestartet werden. »Taptic Engine« meint das Verhalten der Apple Watch auf der menschlichen Haut, die deshalb auch enggeschnürt dort getragen werden muss (sie darf nicht am Handgelenk schlackern): Hier buchstäblich festgemacht, vibriert sie nicht nur; sie klopft und pulsiert, als habe sie tatsächlich ein Herz, als sei sie lebendig. Dies geschieht mittels zweier kleiner Leuchten an der Unterseite des Gerätes, die auf der Haut aufliegen. In kurzen Zeitabständen sendet die Apple Watch Infrarotlicht durch die Haut, um an den Venen die Herzfrequenz zu ertasten.

x
Wearable Computing
Tragbare Computersysteme, die während der Anwendung direkt am Körper oder in der Kleidung der Benutzer integriert sind.

Auf den ersten Blick dient diese technische Funktion dem Messen von Körperfunktionen, allerdings können das auch weitere Fitnessarmbänder, die ebenfalls Daten sammeln und zwecks Auswertung versenden. Die Apple Watch ist wiederum anders: Man kann einem anderen Menschen ein sofort visualisiertes Bild des eigenen Herzschlags senden; in jedem Fall sieht man sogleich, in welchem Rhythmus der eigene Körper in einzelnen Situationen pulsiert. Man macht ein Selfie [x] der eigenen Biometrie und kann daraus Konsequenzen ziehen:[358] permanent trainieren, Routinen durchbrechen, z.B. nicht lange am Schreibtisch sitzen, ohne sich zu bewegen, usw. Man wird sich des eigenen Körpers bewusst bzw. bewusster. Man achtet auf sich – durch diese Uhr. Und man vermisst sich selbst, misst sich als Menschen aus und kann sich dadurch auch disziplinieren. »Disziplinie-re Dich! « ist der Imperativ der Apple Watch und: »Nimm Dich selbst wahr!«

x
Selfie
Ist bekanntlich eine Fotografie, die ein Selbstporträt darstellt und mittels eines Smartphones oder Tablet-PCs mit der eigenen Hand aufgenommen wird. Dazu kann auch eine Verlängerungsstange verwendet werden, an deren Ende das aufnehmende Gerät platziert ist. Selfies findet man vor allem in sozialen Netzwerken, deren visuelles Medium sie sind.

Selbstredend dient jede Uhr dazu, auf Zeitvorgaben, Zeitfenster, Zeitpunkte, Anfänge und Enden, Verabredungen, Fahrpläne und so vieles mehr Wert zu legen – aber nur, wenn man auch auf die Uhr schaut. Die Apple Watch macht den Blick auf die Uhr zu einem Blick auf die eigene Biologie, der automatisch abläuft. Die Kommunikation mit uns selbst und so auch die Selbstwahrnehmung sind in dieser Unmittelbarkeit automatisiert – und vermutlich ertönt deswegen nicht mehr allein ein Ton, wenn man eine E-Mail erhalten hat, sondern ein leichtes Klopfen oder Klöppeln, das beim Tragen der Apple Watch (hat man dies derart eingestellt) darauf hinweist – als würde permanent ein Begleiter nicht nur bildhaft, sondern tatsächlich auf die Schulter hauen, um darauf hinzuweisen, dass etwas geschehen ist, dass jemand mit einem kommuniziert.

Wovon Produkte erzählen

Form und Funktion der Apple Watch zeigen in die Richtung einer Mensch-Maschine oder eines Maschinen-Menschen, der als Utopie nicht mehr weit von dieser Lebenswirklichkeit entfernt und allmählich realer zu werden scheint. In dieser Vision, die man sich nicht als beängstigenden Science-Fiction-Film, sondern als behutsam voranschreitende Normalität vorstellen sollte, nimmt der Mensch mit dieser Technik eine neue Rolle innerhalb seiner Gesellschaft ein. Einfacher formuliert: Wir ändern uns.

Das Design der Technik hat daran einen nicht unerheblichen Anteil. Es ist kein Zufall, dass der Kosmos der Medienneuheiten, in den sich das vorliegend kommentierte Mediengerät einfügt, alte Hilfsgeräte funktional neu gestaltet. Daran, dass aus dem Telefon ein iPhone, aus der Schreibtafel [x] ein iPad und aus der Armbanduhr eine Apple Watch werden, kann man erkennen, wie nahe uns diese Hilfen kommen. Sie rücken den Menschen regelrecht auf den Leib und versuchen, sensorisch in sie einzudringen und ein Teil von ihnen zu werden. So wäre es nur ein kleiner Schritt, bis Technik respektive Technologie ihren Platz wirklich innerhalb des menschlichen Körpers findet, was medizinisch längst nicht mehr utopisch ist. Diese Geschichte der Apple Watch wird naturgemäß nicht explizit erzählt, doch sie kann vom kritischen Nutzer als beobachtendem Erzähler dieser Technikkultur erzählt werden.

Dessen Vorstellung hat den Vorteil, sich in einer Art Selbsterzählung auf die Zukunft vorzubereiten. Durch diese Produkt-Storys wird erreicht, dass gestaltete Artefakte Zeichen geben und Spuren legen, die beim Nutzer etwas auslösen, und zwar nicht nur die Benutzung von etwas, die der Befriedigung eines Bedürfnisses, einer Problemlösung oder einem Schönheitsideal entspricht, sondern die betont, dass Design nicht einfach hinzunehmen, sondern zu bedenken ist.

x
Schreibtafel
Eine Oberfläche, auf der mit einer leicht zu entfernenden Beschriftung Informationen festgehalten und weitergegeben werden können. Für den Schriftspracherwerb an Grundschulen wurde dazu lange Zeit eine Miniaturvariante eingesetzt, an deren Form sowohl äußere Gestaltung als auch Funktionen des berührungssensitiven Bildschirms von Smartphones angelehnt sind.

Storytelling im Produktdesign ist daher nicht zwingend Werbung für ein Produkt und kann daher auch nicht ausschließlich positive Effekte haben. Die gestalteten Dinge entwickeln, narrativ gesehen, eine Eigendynamik ihrer Bedeutungen und Konsequenzen. Sie erzählen die Geschichte, wie sie das geworden sind, was sie sind (es wird also Technik- und Mediengeschichte erzählt); sie erzählen die Geschichte, was mit ihnen angestellt werden soll; und sie erzählen die Geschichte, was weiter geschehen wird.

x
Treppenwitz
»Wie der Witz mancher Menschen nicht mit der Gelegenheit gleichen Schritt hält, so daß die Gelegenheit schon durch die Türe hindurch ist, während der Witz noch auf der Treppe steht: so giebt es bei Andern eine Art von Treppen-Glück, welches zu langsam läuft, um der schnellfüssigen Zeit immer zur Seite zu sein: das Beste, was sie von einem Erlebnis, von einer ganzen Lebensstrecke zu geniessen bekommen, fällt ihnen erst lange Zeit hinterher zu, oft nur als ein schwacher, gewürzter Duft, welcher Sehnsucht erweckt und Trauer, – als ob es möglich gewesen wäre, irgendwann in diesem Element sich recht satt zu trinken. Nun aber ist es zu spät.« (Friedrich Nietzsche, *Menschliches, Allzumenschliches.* Zweiter Band [1886], Hamburg 2013, S. 142.)

Das Beispiel der Apple Watch offenbart derartige Zeichen und Spuren, offenbart Zukunftsbilder, die einen Technik-Menschen zeichnen, der für seine menschliche Subjektivität ein technisches Objekt regelrecht verlangt. Seine smarte Gestaltung erscheint elegant, gewandt und klug und sie schmerzt, um im Bild zu bleiben, (noch) nicht allzu sehr (die Benutzer spüren die Sensoren nicht und Auf-die-Haut-Klopfen tut nicht wirklich weh). Allerdings liefert uns eine weitere Beobachtung hier den passenden Treppenwitz [x] : Dasjenige, was man sich selbst wirklich unter die Haut einflößen kann, um auf der Haut anders auszusehen, kann das Geschehen der Apple Watch empfindlich zügeln, ja sogar verhindern: Tätowierungen (Körperbilder) sind Störungen für die Apple Watch, sie begrenzen die Durchlässigkeit der Haut, der Hülle des Menschen, für diese Medientechnik.[359] Das ist zugleich deren Tragik und deren Größe: Dass Bilder auf dem Körper die Körperbilder, die diese Medien und ihr Design vom Menschen machen, die Hoffnung nähren, hier an eine natürliche Grenze zu stoßen.

Was geschieht, wenn verschiedene und verschiedenste Medien in erzählerischer Absicht auf digitalen Plattformen kombiniert werden? Dann entstehen Design-Storys, die auf digitale Steuer- und Recheneinheiten angewiesen sind, für die der Computer die Koordination und Darstellung der angewandten Medien (Text, Grafik, Audio, Video, Animation usw.) übernimmt. Digitales Erzählen basiert auf computerbasierten Informations- und Kommunikationssystemen und -produkten, durch die mehrere Kommunikationsmedien, mehrere Symbolsysteme, mehrere Sinnesorgane und mehrere Vermittlungsfunktionen kombiniert werden. Dadurch entsteht zweierlei: Interaktion und Transmedialität.

Zur Intermaterialität

Um besser zu verstehen, was digitale Medien mit Blick auf deren Bedeutung für Designtheorie und Designpraxis des Erzählens bedeuten,[360] lohnt ein näherer Blick auf den Begriff der Intermaterialität;[361] unter diesem schließt die neuere ästhetische Forschung an die in den Kunst-, Kultur- und Medienwissenschaften mit zunehmender Intensität geführten Diskussionen über Ästhetiken des Materials [x] bzw. der Materialität an. Sie will diese um eine grundsätzlich neue Dimension erweitern, indem sie nicht allein nach der spezifischen Materialität künstlerisch-gestalterischer Medien fragt, sondern auch nach den möglichen Interaktions-, Transfer- und Interferenzmodi verschiedener Materialien bzw. Materialitäten in jenen.[362]

x
Materialästhetik
Der Begriff verdeutlicht, wie sehr technologische Entwicklung und Materialforschung im Design seit den 1990er-Jahren in Zusammenhang stehen und seither neue Debatten in Kunst, Design und Architektur auslösen (vgl. Dietmar Rübel / Monika Wagner / Vera Wolff, *Vorwort*, in: dies., Hg., *Materialästhetik. Quellentexte zu Kunst, Design und Architektur*, 2. Aufl., Berlin 2017, S. 9–13, hier S. 11).

Dieser Ansatz stützt sich auf die theoretischen Materialitätsdebatten ebenso wie auf die in der Gegenwart breit geführten (und bereits skizzierten) Diskussionen über Fragen der Medialität und der Intermedialität.[363] In Ergänzung zur terminologischen Trias »Materialität«, »Medialität« und »Intermedialität« soll der Begriff »Intermaterialität« eine Leerstelle ausfüllen, die sich fast zwingend aus den genannten Termini ergibt, bemerkenswerterweise bisher aber nur wenig in die Debatte eingebracht wurde. Methodisch modelliert sich der Begriff aus einer Übertragung von Intermedialitätskonzepten auf die Materialitätstheorie, die ihrerseits darauf verweist, wie Storytelling im Design mit digitalen Medien stattfindet.

Es ergeben sich drei grundsätzliche Modi, in denen das Zusammenspiel von Materialitäten gedacht werden kann.[364]

1. Der Modus der Materialinteraktion: Intermaterialsemantiken entspringen daraus, dass einzelne materiale Agenten zueinander in ein Korrespondenzverhältnis treten, dabei als einzelne materiale Agenten aber unterscheidbar bleiben und somit ein Materialarrangement exponieren, das die Ordnung seiner distinkten Komponenten zur Disposition stellt, beispielsweise wenn bei einem Auto Aluminium in das Plastik des Armaturenbretts integriert wird, um eine Bedienfunktion anzuzeigen oder Wertigkeit zu assoziieren.

2. Der Modus des Materialtransfers: Ein Material wird in die Phänomenalität und/oder Funktionalität eines anderen Materials transferiert und folglich so inszeniert, als ob es ein anderes Material wäre und nicht es selbst ist, beispielsweise wenn eine Stofftasche durch aufgenähte Applikationen wirkt, als bestehe sie aus Krokodilhaut.

3. Der Modus der Materialinterferenz: Die zueinander in ein Verhältnis gesetzten Materialien löschen ihre jeweiligen komponentiellen Materialsemantiken x intermaterial aus, erzeugen aber gerade in dieser Auslöschung eine Ästhetik, die den involvierten Materialitäten supplementär ist,[365] beispielsweise wenn Glas Beton umschließt: Hier wird die Transparenz des Glases durch den Beton aufgehoben; gleichzeitig erscheint die Härte des Betons durch das Glas aufgeweicht. In der Kombination ergibt sich ein neuer Materialeindruck.

x
Materialsemantik
Meint die Rede von der inhaltlichen Bedeutung eines Materials bzw. von dessen Verwendung. Das verwendete Material repräsentiert in dieser Auffassung den »Sinn« des mit ihm Dargestellten.

Neben seiner kunst-, kultur- und medienwissenschaftlichen Relevanz und der theoretischen Fundierung bietet dieses Intermaterialitätsparadigma eine hilfreiche Rahmung des »Digital Storytelling«,[366] das sich i.d.R. in drei Hinsichten darstellt:

1. hinsichtlich der »Interaktion« verschiedener, unterscheidbarer und unterscheidbar bleibender Materialien, Medien und Erzählweisen;

2. im Hinblick auf die »Verwandlungen«, d.h. die Transformationen von phänomenalen und/oder funktionalen Eigenschaften der beteiligten Medien;

3. in Hinsicht auf die »Handhabung« der eingesetzten Überschneidungen und Überlagerungen in digitalen Designfällen.

Interaktives Erzählen

Über den Austausch

»Interaktivität« und »Interaktion« sind Begriffe, die die Beziehung und Wahrnehmung zwischen Menschen (und ggf. auch Maschinen) beschreiben, während denen sich die Interagierenden wechselseitig orientieren und dabei neue Aktionen wie Reaktionen verursachen.[367] Dazu kommen in einem medialen Kontext insbesondere technische Schnittstellen zum Einsatz, ohne dass sich zwangsläufig das Gerät ändert, mit dessen Hilfe die interaktive Handlung stattfindet.[368] Diese umfasst etwa das aktive Auswählen, Steuern, Lesen usw. mit und in einem System der Interaktionspartner (Mensch–Mensch, Mensch–Maschine [x], Mensch–Maschine–Mensch).[369]

x
Mensch-Maschine-Interaktion
Bezeichnet das Geschehen, das abläuft bzw. das sich ergibt, wenn ein Mensch eine Maschine bedient und dabei die entstehende Handlung, die auch von der Maschine selbst ausgelöst sein kann. Oft spricht man heute auch von Mensch-Computer-Interaktion, deren Ausdruck in jüngerer Zeit die Entwicklung berührungsintensiver Bildschirme für mobile Medien ist, namentlich: Touchscreens für Smartphones und Tablets.

Unter Interaktivität ist also das Potenzial eines Systems zu verstehen, während die Interaktion dessen Nutzungsprozess bezeichnet. Beide Begriffe und beide Bereiche werden für das Erzählen in / mit / durch digitale(n) Medien interessant aufgrund der mit ihnen grundlegend gegebenen Fähigkeit, im jeweils stattfindenden Prozess einen Rückkanal zu ermöglichen: einen Rollentausch zwischen Sender und Empfänger, der ein narratives Muster mit einem gewissen Grad an Rhythmizität evoziert.[370] Bei diesem musterhaften Ideal von Interaktivität und Interaktion ist ein Austausch prägend, der Entscheidungsfreiheit im Erzählen anbietet: Die Nutzer im Akt der Rezeption einer solchen Erzählung können Potenziale der Mit-Konstruktion des Erzählten aufgreifen und jenes selbst verändern, es mitgestalten – eine Option, die im Rahmen der Mensch-Computer-Interaktion mit entsprechend technisierten Anwendungen vor allem im Fall von neueren Computerspielen offensichtlich ist.[371]

Für ein authentisches Verständnis interaktiven Erzählens muss darüber hinaus der Begriff der »Partizipation« Beachtung finden.[372] Er impliziert, dass Nutzerin und Nutzer der digitalen Erzählung Einfluss auf Inhalt und Form der interaktiven Anwendung haben sollten, damit eine aktive Mit-Konstruktion des gleichsam interaktiven Gewebes zwischen Erzählung und Realität zustande kommen kann. So wird die Dichotomie von Produzent und Rezipient zunehmend aufgelöst, was eine stetige Veränderung einzelner Bausteine des Erzählens und der damit einhergehenden Interdependenzen zur Folge hat: Interaktive Storytelling-Anwendungen eröffnen einen Kommunikationsraum, in dem Mensch, Maschine und Medium in dynamischen Beziehungen zueinander stehen.[373]

Interaktion – Narration – Transmedialität

Dazu sind Selektions- und Modifikationsmöglichkeiten sowie entsprechende Angebote und ein gewisser Grad an Non-Linearität [x] des Erzählten maßgebliche Parameter.[374] Eine maximale Auslastung dieser Parameter steht schließlich dem Bestreben einer Annäherung an das Ideal interaktiven Erzählens am nächsten. Wird das Narrative mit Interaktion in Verbindung gebracht, geschieht dies jedoch nicht ohne Schwierigkeiten. Cris Crawford schreibt in seinem englischsprachigen Grundlagenbuch: »If the story is to be truely interactive, then the player must be able to change the story. But, if the player changes the story, then the artist cannot control its development and the player will likely ruin the story.«[375]

x
Non-Linearität
Aufbrechen eines kontinuierlichen Verlaufs innerhalb oder zwischen Medien, indem diese so miteinander verlinkt werden, dass die Rezeptionsrichtung durch Auswahl von Inhalten und Rezeptionswegen flexibel wird.

Es ist argumentiert worden, dass diese Gefahr durch eine geradezu optimale Nutzung medialer Mittel über Techniken und Inhalt der Erzählung gemindert werden kann.[376] Anders gesagt: Das Narrative ist hier stark von der Struktur der interaktiven Anwendung abhängig. Wie am Beispiel digitaler Spiele deutlich wird,[377] kann sich eine hybride Form aus Interaktion und Narration ausbilden, die »Internarrativität« genannt werden kann.

Dabei kommt es zu einem unterstützenden Kommunikationsprozess zwischen Spieler und System,[378] in dem sich die Spieler differenziert mit den Geschehnissen der Erzählung auseinandersetzen können, indem sie sich an Sinneinheiten orientieren, die über die Interaktionen mit Zweitgenannten vermittelt werden und eine Ordnung erfahren. Eine übergeordnete narrative Konstruktion der digitalen Erzählung kann über Interaktivität fokussiert werden, jedoch nicht ohne Grenzen, die gleichwohl überschritten werden können. Ein sinnvolles interaktives Erzählen betrifft diese Überschreitung medialer Grenzen und verbindet jene zugleich miteinander.

x
Erzählverlauf
Abfolge der Handlungen innerhalb einer Erzählung, die vom Anfang bis zum Ende, aber auch genau umgekehrt sein kann.

Transmediales Erzählen leistet diesen Effekt, indem zwischen den beteiligten Einzelmedien im Akt der Nutzung hin- und hergewechselt werden kann und dazu gegebenfalls auch verschiedene Erzählverläufe x wählbar sind.[379] Transmedialität ist somit die Eigenschaft eines Erzählens, das sozusagen von Medium zu Medium springt, ohne dass dabei eine Erzählweise der beteiligten Medien für alle anderen bindend ist oder immer wieder zum Ausgangsmedium zurückgefunden werden muss.[380] Transmediales Storytelling schafft mithin innerhalb eines Mediums den Wechsel zu einem weiteren Medium, wobei dieser Sprung einerseits nicht erzwungen oder zwingend notwendig ist.[381] Jedes zum Erzählen eingesetzte Medium kann andererseits im Zuge dessen seine medienspezifischen und narrativen Kapazitäten einsetzen.[382] Im Folgenden sollen diese Möglichkeitsdimensionen interaktiven transmedialen Erzählens anhand eines digitalen Designbeispiels verdeutlicht werden.[383]

Digitales Editorial Design

Gegenstandsbereich

Unter Editorial Design versteht man – in Abgrenzung zu anderen Formen des Grafikdesigns, die vorwiegend zu werbenden Zwecken eingesetzt werden – die Gestaltung redaktionellen Materials auf den Ebenen von Bild- und Textlichkeit. Es handelt sich dementsprechend um die Umsetzung eines visuellen Journalismus ˣ, der bildliche Informationen wie Fotos, Illustrationen, Diagramme etc. mit speziell arrangiertem Text funktional verbindet – als Zeitungs- ebenso wie als Zeitschriften- oder Magazinlayout, und dies ebenfalls mit Blick auf deren digitale Umsetzung, d. h. hinsichtlich der inhaltlichen Befüllung und Konzeption von Webseiten bzw. von Apps.[384] »Die Gestaltung redaktionellen Materials«, schreibt Yolanda Zappaterra, »hat vielfältige Funktionen«, sie »verleiht dem Inhalt Ausdrucksstärke und Individualität, wirbt um Aufmerksamkeit des Lesers und strukturiert die Materialvielfalt mit dem Ziel, ein attraktives und informatives Produkt zu schaffen«, und im »Idealfall bildet Editorial Design eine Art innovatives Forschungslabor, das fortwährend neue Gestaltungsideen kreiert.«[385]

x
Visueller Journalismus
Journalistische Form, die Geschichten in Bildern, Infografiken, Videos und Animationen vermittelt und dies nicht nur in gedruckten Medien, sondern insbesondere auch online bzw. mobil.

Editorial Design kreiert somit »den visuellen Rahmen für die Lektüre und das Verstehen eines Textes«; es betrifft einerseits »die gestalterische Gesamtkonzeption der Publikation und der ihr zugrunde liegenden strukturellen Logik« und andererseits »die Gestaltung der einzelnen Textbeiträge (auch wenn diese sich der strukturellen Logik widersetzen)«.[386] Es handelt sich um ein überaus hilfreiches sowie nützliches Einsatzfeld für gestalterische Anwendungen, die mediale Modelle (des Schreibens, der Medienproduktion ˣ, der visuellen Kommunikation usw.) umsetzen.

x
Medienproduktion
Dient der Generierung von (Massen-)Medien über technische Vermittlungssysteme, sowohl informativ wie unterhaltsam. Beide Seiten (mediale Inhalte und technische Voraussetzungen) werden hier also erfasst, die ihrerseits auch organisatorische Faktoren erfordern (z. B. ein Projektmanagement).

Eine solche stark produktionsorientierte Perspektive verortet das Thema im Bereich des »Machens« von Medien, wobei der oft geäußerten Ratgeberposition, sich hier ausschließlich auf den Bereich des Gedruckten respektive der Printmedien zu konzentrieren,[387] zu widersprechen ist. Editorial Design findet heute, im Zeitalter der bereits des Öfteren unterstrichenen Medienkonvergenz, nicht mehr monomedial statt, sondern berücksichtigt und realisiert vielmehr insbesondere neue digitale Erscheinungsweisen der Medien. Ausgehend von diesem Befund eröffnen sich neue Perspektiven für den Einsatz eines solchen »Digitalen Editorial Designs« im digitalen Erzählen, womit ein weiteres Mal das narrative Potenzial einer »Kultur der Digitalität«[388] demonstriert werden kann. Mit dieser ergeben sich zudem designdidaktische Einsichten, die das Erlernen eines »Storytelling für Designer« auf den Punkt bringen.

Designdidaktische Verortung

Als Konzeptionen, die explizit im Bereich der Designdidaktik die Behandlung von Fragen des digitalen Erzählens betreffen, können vier Lehrausformungen anvisiert werden: die Medienintegration, das Digitale Design, die inter-/transmediale sowie die symmediale Gestaltung. Vor allem die beiden letztgenannten Formen haben – wie wir gesehen haben – für den vorliegenden Kontext die größte Relevanz, ist es doch innerhalb dieser möglich, zu fragen, wie einzelne Designformen vermittels ihrer spezifischen Materialität ästhetische Wahrnehmung und ästhetisches Kommunizieren erzählerisch gestalten und inszenieren. Die bereits explizierten Begriffe der »Intermedialität« und »Transmedialität« komplettiert dabei derjenige der »Symmedialität«, der eine Verbindung bzw. Verschmelzung von Medien und medialer Formen fokussiert.

Im Mittelpunkt einer symmedialen Designdidaktik steht denn auch kein bloßes Nebeneinander printmedialer, analoger oder digitaler Medien; vielmehr sind alte und neue Medien aufeinander bezogen. Das kreiert einen synästhetischen [x] Mehrwert, was vor allem für das Digitale Editorial Design herauszustellen ist, da dieses genau den genannten medienverbindenden Anspruch als gestalterische Erscheinung erfüllt: Digitales Editorial Design verknüpft redaktionell oder journalistisch bearbeitete Texte mit Bildern, Videos, Web 2.0-Optionen usw. innerhalb eines »User Interface Designs«, d. h. im Rahmen einer per Computerbildschirm dargestellten Benutzeroberfläche.

x
Synästhesie
Bezeichnet die miteinander gekoppelte Wahrnehmung zweier oder mehrerer Sinneseindrücke wie das Schmecken von Farbe oder das Hören von Formen.

Digitales Editorial Design ist somit ein Gegenstandsfeld, das im Rahmen des digitalen Erzählens all diese Hinweise und Postulate symmedial realisierbar macht und das eine Behandlung und Bearbeitung von Webinhalten in redaktioneller und visueller Hinsicht anbietet. Die folgende Reihe praktischer Empfehlungen, die die genannten Punkte sowohl kompetenzgeleitet aufgreifen als auch produktionsästhetisch einsetzen, sollen diese These belegen und veranschaulichen.

Eine vielfach eingesetzte Möglichkeit zur Integration zeitungs-/zeitschriften-/magazingestalterischer sowie visuell-journalistischer Handlungen in digitalen Medien ist die Benutzung von Content-Management-Systemen (CMS) [x]. Das sind (oft kostenlos) online zur Verfügung stehende Angebote, mit deren Hilfe man ohne medientechnisches Wissen im Sinne Flussers eine eigene Webseite erstellen kann. In vorgefertigte Bausteine können die jeweiligen Inhalte eingepflegt werden, aus denen dann die Web-Software in wenigen Schritten ein bereits gestaltetes Interface macht. Dabei bleiben gleichwohl Fragen offen:

x
Content-Management-System (CMS)
Software zur gemeinschaftlichen Erstellung, Bearbeitung und Organisation von Inhalten in Medienformen, i. d. R. von Webseiten, die dann ohne großes Vorwissen als Nicht-Fachkraft in einem vorgegebenem Rahmen selbst erstellt werden können.

Wie wird mit Text-Bild-Relationen umgegangen? Wie sind die einzelnen Elemente auf einer Seite bzw. in einer Seitenstrecke zueinander angeordnet? Was funktioniert zur Nutzerführung und was behindert diese eher? Welche Anforderungen stellen sich an die verbale wie visuelle Sprache?

Mögliche Antworten können sein: Text und Bild gehören zusammen, d.h. beeinflussen sich gegenseitig. Eine Webseite besteht immer noch häufig aus mehreren Spalten, die zueinander harmonisch angeordnet sind. Die Texte und Bilder sollten zueinander nicht wahllos platziert sein und nicht in Überfülle die Nutzer gleichsam erschlagen. Textuelle Formulierungen sind kurz, prägnant und zusammenfassend. Das Vorhaben des Digital Editorial Designs bietet letztendlich die Möglichkeit, den für das digitale Erzählen so wichtigen Aspekt der Interaktivität mittels integrierter Kommentarfunktionen, Vernetztheit, Echtzeitveränderungen etc. einzulösen.

Das Beispiel Multimedia-Reportage

x
Webdesign
Disziplin des Mediendesigns, die die visuelle, funktionale und strukturelle Gestaltung von Webseiten im Internet umfasst.

Ein neueres, im Webdesign x immer häufiger zum Einsatz kommendes Instrument, das klassische Reportage-Elemente mit digitalem (transmedialem) Storytelling im Rahmen des Digitalen Editorial Designs kombiniert, stellt die Möglichkeit dar, multimediale Präsentationen mit Webtechniken zu erstellen. Dies macht es möglich, Online-Magazine digital sinnvoll und auch eindrücklicher in Szene zu setzen: Nicht nur Texte und Fotos wandern in diesem Fall auf die Webseite, sondern auch Videos oder Animationen.

Praxisbeispiel Mulitmedia-Reportage
Form der journalistischen Reportage, die die zu erzählende faktuale Geschichte sowohl mit Text als auch mit Video-, Audio-, und Social-Media-Elementen online darstellt.

Im Netz findet man seit 2012 eine ganze Reihe von solchen aufwendig erstellten Multimedia-Reportagen:[389] Beispiele für diese neue Form des Digitalen Storytelling Designs, die zeigen, was online erzählerisch möglich ist. Durch den darin realisierten narrativen Stil kann jede Geschichte in ihren unterschiedlichen Facetten präsentiert werden, und zwar mit den gestalterischen, wiederum genuin symmedialen Mitteln des genutzten Mediums (also durch die Vereinigung von Texten und Bildern mit Audio und Video sowie mit Social Media).

Unter diesen professionellen Vorzeichen gibt es mittlerweile ebenfalls ein (von WDR und der Softwareentwicklungsagentur Codevise) entwickeltes Tool, das wie ein CMS funktioniert und das deshalb für ein solches multimediales Storytelling auch von Amateuren benutzt werden kann. Pageflow[390] ist eine Art Mini-CMS für digitale Reportagen, das auch als Open-Source-Version zur Verfügung gestellt wird und dafür ausgelegt ist, bildschirmfüllende Bilder oder Videos mit Textelementen zu einer Erzählung zusammenzuführen, und dies auch im Sinne eines responsiven Webdesigns, sodass das Angebot auf einem Desktop-, Laptop-, Smartphone- oder Tabletscreen jeweils angepasst dargestellt wird.

Jeder angemeldete Benutzer kann sein Frontend [x] -Theme wählen; Bilder, Videos und Audiodateien können direkt im Editor hochgeladen und automatisch in die notwendigen Zielformate eingestellt werden, sodass auch technisch weniger versierten Nutzern ein geradezu intuitives Arbeiten ermöglicht wird. Wer nicht selbst ein wenig programmieren kann, muss Gebühren zahlen – aber der Aufwand lohnt sich für alle, die am Puls der digitalen Zeit erzählen wollen. Dieses Digitale Editorial Design deutet denn auch die Zukunft an, die sich für das Mediendesign heute schlechthin abzeichnet: im Hinblick auf die Konstitution erzählter Welten in virtuellen Realitäten.

x
Frontend
Im Gegensatz zum Backend (der technischen Programmierung) Bezeichnung für dasjenige, was der Nutzer einer Software unmittelbar bedient.

Gestalterisches Erzählen findet in einem breiten sozialen Kontext statt, der sowohl die Massenkommunikation im allgemeinen Sinn betrifft als auch zugleich nach medialen Übergängen und Schnittstellen sucht. In der kritischen Auseinandersetzung mit einer ausdifferenzierten und global vernetzten Medienwelt etabliert sich – mittels je anzupassenden und daher erzählerisch flexiblen Storytelling-Varianten – eine medial-gestalterische Kultur, die sich in der Auseinandersetzung mit der Frage, was Medien und Design ausmacht, konstituiert. Dieser liegen Einsichten in die sowohl ästhetische wie technische Komplexität einer Mediendesignkultur zugrunde, einschließlich ihrer Systeme, ihrer historischen Voraussetzungen und ihrer narrativen Effekte.

Was heißt Medienkultur?

Kultur mit Formen befragen

Welche Wissenschaft ist vor dem Hintergrund der aufgezeigten Kontexte für ein »Storytelling für Designer« zuständig? Mit dem bisher Gesagten ließe sich antworten: Es ist eine Medienwissenschaft mit starken erzähl- und designtheoretischen Anteilen. Welchen Platz hat dann aber das gestalterische Erzählen innerhalb der Wissenschaftsgeschichte? Diese strebt oftmals danach, Entdeckungen dort zu machen, wo Urteile durch Beurteilungskriterien gefällt werden können.[391]

Für das Erzählen im / durch / über Design heißt dies: Geschichten erzählen ist zwar, wie jede künstlerisch-kreative Tätigkeit, ein intuitiver schöpferischer Prozess; es kann aber nur dann erfolgreich sein, wenn man sich als Gestalterin oder Gestalter mit den Strukturen und theoretischen Erklärungen seiner Phänomene auseinandersetzt. Andererseits fußt das wissenschaftsgeschichtliche Erkenntnisinteresse in der Regel darauf, nach Brüchen und Abweichungen Ausschau zu halten,[392] um epistemologisch x voranzukommen, d. h., Neues zu entwickeln. Wiederum auf das Erzählen angewendet, ließe sich sagen: Es geht, wissenschaftsmethodisch gesprochen, bei dessen Erlernen und gutem Praktizieren darum, vergangene und gegenwärtige Erzählungen zu kennen, um schließlich mit deren Traditionen bewusst zu brechen, jene ggf. zwar zu zitieren, aber gleichzeitig eigene Storys zu kreieren.

x
Epistemologie
Erkenntnistheorie (ein Hauptgebiet der Philosophie); fragt nach den Voraussetzungen für Erkenntnis, dem Zustandekommen von Wissen und anderen Formen von Überzeugungen.

Ereignet sich das »Spiel« der Wissensformierung im Kontext neuer Technologien, lässt sich der Horizont wissenschaftlicher Fragen auf Erscheinungen (wie das Erzählen) anwenden, die die Übermittlung von Erkenntnissen betreffen und daher sowohl die Speicherung und Übertragung von Wissen behandeln als auch die Übersetzbarkeit der »Erkenntnis in Informationsquantitäten«, sodass »all das, was vom überkommenen Wissen nicht in dieser Weise übersetzbar ist, vernachlässigt« werden kann und dass »die Orientierung dieser neuen Untersuchungen sich der Bedingung der Übersetzbarkeit etwaiger Ergebnisse in die Maschinensprache unterordnen wird«.[393] Das ist in etwa der Begriffszusammenhang, der in postmoderner ˣ Manier Gegenstände der Kultur mit Formen von Medien befragt und der die Wissenschaftsgeschichte dadurch wiederum medienkonzeptionell beobachtet. Gesprochen werden kann dann – auch hier – davon, »daß das Medium die Botschaft sei, daß Medien unsere Lage bestimmen oder daß wir das, was wir wissen und erfahren, nur durch Medien erfahren und wissen.«[394]

x
Postmodernes Wissen
»Die Kompetenzen, deren Kriterien die Erzählung liefert oder anwendet, sind dort [...] miteinander in einem dichten Geflecht – jenem der Erzählung – vermischt und zu einer Gesamtperspektive geordnet, die diese Art des Wissens charakterisiert.« (Jean-François Lyotard, *Das postmoderne Wissen. Ein Bericht* [1979], hg. v. Peter Engelmann, 6. Aufl., Wien 2009, S. 68.)

In dieser Hinsicht ist es eine Medienkulturwissenschaft, die für ein Storytelling für Designer zuständig ist, da sie sich nicht einfach mit Geräten oder Codes, sondern mit Medienereignissen in einem doppelten Sinn beschäftigt: »mit Ereignissen, die sich durch Medien kommunizieren, indem diese sich selbst als spezifische Ereignisse mitkommunizieren.«[395] Wird Design erzählt bzw. wird Design erzählerisch, dann greift Gestaltung so auf Medien zurück, dass damit etwas lesbar, hörbar, sichtbar und wahrnehmbar gemacht wird: Dieses »Medien-Werden von Apparaten, Techniken, Symboliken oder Institutionen [...] eröffnet eine medienkulturelle Perspektive im engeren Sinn und führt die Medienwissenschaft aus den Monopolen von Philologie, Technikgeschichte oder Kommunikationswissenschaft heraus.«[396]

Der Befund, dass Medien – u.a. auch – Werkzeuge sind, die die Vergleichbarkeit von Kulturen herstellen (falls Kultur denn das ist, »was unvergleichbare Lebensweisen vergleichbar macht«[397]), legt die medienkulturelle Auseinandersetzung mit den Dingen schlechthin nahe. Ebenso kann sich das Verschwinden der Grenzen zwischen Medien und Kultur auch nur innerhalb dieser Verbindung vollziehen. Dieser Vollzug wird realisiert, indem insbesondere neue Begriffe gefunden und zugeordnet werden: Man arbeitet entsprechend innerhalb neuer Begrifflichkeiten, was man einen theoretisierenden Effekt nennen könnte und genau das ist es auch, worum es wiederum im medienkulturwissenschaftlichen x Werk Vilém Flussers eigentlich geht, der die erzählerischen Handlungen und medialen Bewegungen in, durch und mit Design im Bild der Geste gefasst hat.[398]

x
Medienkulturwissenschaft
Kulturwissenschaftlich orientierte Medienwissenschaft, die Wissen und Methoden zur Erschließung und zum Verstehen von Medien lehrt und erforscht, die ihren Ausdruck in Medientheorien, Mediengeschichte, Medienformaten, Medienästhetik und weiteren Diskursivierungen finden.

Im Folgenden soll daher noch einmal das Werk Flussers im Vordergrund stehen, das zum Abschluss vor dem Hintergrund eines Status des Erzählens betrachtet wird, der sich einer bestimmten Vorstellung von Medienkultur als Designkultur verpflichtet sieht. Dazu wird zunächst (mit kleineren biografischen Seitenblicken) eine weitere herausstechende Schrift Flussers vorgestellt; dies soll darauf vorbereiten, dass anschließend dessen Vorstellungen von Medien, Design und Kultur grundsätzlich vor dem Hintergrund des gestalterischen Erzählens reflektiert wird. Letztendlich geht es also auch am Ende dieses Buches darum, zu zeigen, wie sehr im Zusammenhang eines »Storytellings für Designer« (beschäftigt man sich mit Medien, beschäftigt man sich mit Kultur und beschäftigt man sich mit Design) Flusser mit zu denken, zu bedenken ist.

Biografisches – Bibliografisches

Flussers Buch *Medienkultur*[399] (1993/95) erläutert begriffliche Orientierungsmuster und Denkmodelle, die Kulturtheorie mit Medientheorie konfrontieren und dabei zwischen technologischer Abwägung und technisierter Vergesellschaftung hin und her schwanken, d.h., Flussers Ausführungen arbeiten innerhalb hinterfragter Technikverhältnisse, sie fühlen sich dieser Diskussion verpflichtet. Überhaupt stehen Flussers Schriften unter dem Vorzeichen der kritischen Kultivierung von Informationstechnologien und Mediensystemen, denen etwas Erzählerisches innewohnt. Gleichzeitig warnen sie vor übertriebenen oder utopischen Erwartungen an neue Medien und neue Erzählungen; ihnen ist ein hoher Grad an Skepsis zu eigen, den Flusser nicht zuletzt aus der eigenen, brüchigen und abweichenden Biografie entwickelt, die ihn in der Rückschau, so Bazon Brock ˣ, zu einem der »bedeutendsten deutschen Philosophen der siebziger und achtziger Jahre«[400] werden ließ.

Themen der erzählten/erzählerischen Kultur betrachtet Flusser stets aus dem Blickwinkel der Kommunikation und der Medien; dies tut er phänomenologisch und ästhetisch, d.h. beobachtend und wahrnehmend, außerdem politisch und insgesamt wiederum begrifflich ambitioniert. Seine Wortneuschöpfung der »Kommunikologie« als eine Zusammenfügung der Begriffe »Biologie« und »Technologie« ist dafür ein treffendes Beispiel.[401] Flusser hat diese Positionen in einer vielseitigen universitären Lehre vertreten, auf Portugiesisch als Professor für Theorie der Kommunikation ˣ an mehreren Hochschulen im brasilianischen São Paulo in den 1960er-Jahren, dann auf Französisch als Gastprofessor an den Universitäten Marseille-Luminy im Jahr 1977 und Aix-en-Provence von 1986 bis 1987 sowie auch auf Deutsch als Gastprofessor an der Ruhr-Universität Bochum im Jahr 1991 (auf Einladung Friedrich A. Kittlers ˣ).[402]

x
Bazon Brock
***1936**
Deutscher Künstler und Kunsttheoretiker, dessen künstlerische Praxis und ästhetische Arbeit in der Nachfolge der historischen Avantgarde (namentlich des sogenannten Dadaismus und der Fluxus-Bewegung und deren Happening- bzw. Aktions-Kunst) stehen.

x
Theorie der Kommunikation
Umfasst wissenschaftliche Erklärungsversuche zur Beschreibung von Kommunikation, d.h. zu deren Begriffsbestimmung und Funktionsweisen, wie sie sich in Modellen verallgemeinern lassen und die vor allem auch Massenkommunikationsprozesse erkennbar machen.

x
Friedrich A. Kittler
1943–2011
Deutscher Literaturwissenschaftler und Medientheoretiker, der u.a. mit seiner Schrift *Aufschreibesysteme 1800 1900* (1985) die kulturwissenschaftliche Medienwissenschaft in Deutschland begründen konnte; in seinem Werk spielt Kulturtechnikforschung, die sich dem Lesen und Schreiben ebenso widmet wie dem Rechnen und der Mathematik, eine wesentliche Rolle.

Zuvor hatte Flusser, der 1920 als Sohn einer jüdischen Akademikerfamilie in Prag geboren wurde, 1938 an der dortigen Karls-Universität ein Studium an der juristischen Fakultät begonnen. 1939 musste er, mit seiner späteren Ehefrau Edith Barth, vor den Nationalsozialisten nach London fliehen und emigrierte 1940 nach Brasilien. Dort verdiente er seinen Lebensunterhalt zunächst lange in der Im- und Exportbranche, bis er 1960 eine akademische Karriere beginnen konnte und dann schnell Mitglied des Lehrkörpers von Universitäten in São Paulo wurde, ohne dass er je ein offizielles Hochschulstudium abgeschlossen hätte.[403]

x
Exil
Ort, an dem man sich meist im Ausland nach einer Auswanderung einfindet, wenn man aus seiner Heimat etwa aufgrund von Verfolgung vertrieben worden ist. Ein Exilwerk ist das Ergebnis eines solchen Vertrieben-Seins für zahlreiche Künstlerinnen und Künstler, aber auch für Wissenschaftlerinnen und Wissenschaftler.

Diese Exilsituation [x], ein Zwischen-den-Kulturen-Sein, ist kennzeichnend für Flussers Denk- und Lebensweg,[404] der ihn schließlich zum politisch wie wirtschaftlich motivierten Verlassen Brasiliens Anfang der 1970er-Jahre und einem nicht gänzlich geglückten Neuanfang in Südtirol und in Südfrankreich führte. Am 27. November 1991 starb er an den Folgen eines tödlichen Autoanfalls kurz vor der deutschen Grenze – am Abend vorher hatte er am Prager Goethe-Institut in deutscher Sprache seinen ersten und einzigen Vortrag in seiner Geburtsstadt gehalten.

Die Frage, die Flussers Gang der Lektüre von *Medienkulturalität* bestimmt, lautet: In welchem Maße verweist die Struktur einer kulturellen Lage aus »Architektur und Maschinerie, Bücher[n] und Werkzeuge[n], Kleider[n] und Lebensmittel[n]« eine »Umgebung« der »Oberflächen« in ihre Grenzen?[405] Diese Frage nach der Bedeutung einer »kodifizierten Welt« knüpft Flusser richtungsweisend an die Entstehung, Entwicklung und Verwendung von Medien: »Wände, Schirme, Oberflächen aus Papier, Plastik, Aluminium, Glas, Webstoff usw. sind wichtige ›Medien‹ geworden«.[406]

Hinter diesem semiotischen oder semiologischen [x] Ansinnen, das weltliche Codes und Symbole behandeln will, verbirgt sich das Nachdenken über die menschliche Daseinsform, wie sie insbesondere die Medien- und Designgeschichte mit einer (nach Flusser) Programmierung der Gesellschaft durch Texte, Bilder etc. bewirkt. Das Erlernen von deren Dekodifizierung – Flusser spricht vom Gebrauch von »Techno-Codes«[407] – ist das eigentliche Anliegen dieser gesellschaftsanalytischen Betrachtung.

x
Semiotik / Semiologie
Lehre der Zeichen, ihrer Systeme und Bedeutungen, die sowohl die Bilderschrift als auch Gesten, Formeln, Sprache und deren Strukturen thematisiert. In der Designlehre sind Semiotik und Semiologie (= Lehre von den Zeichen) i. d. R. integraler Bestandteil von Design- und Medientheoriemodulen.

Daraus lässt sich eine Bestimmung des Phänomens der Mediendesignkultur ableiten, die bei Flusser folgendermaßen klingt: »Folgendes Bild läßt sich von der Stellung des Menschen in der Gesellschaft – oder von der Gesellschaft als einem Gefüge von Menschen – entwerfen: ein Informationen speicherndes und Informationen erzeugendes Gewebe. In dieses Gewebe, das man sich aus Fäden gewoben vorstellen kann, strömen Informationen. Man kann diese Fäden *Kanäle* oder *Medien* nennen. Weiter stelle man sich vor, daß die Fäden sich auf verschiedene Arten kreuzen und daß sich an solchen Kreuzungen Informationen vermengen und stauen. Man kann diese Knotenpunkte mit verschiedenen Worten bezeichnen, je nach Interessenfeld, in dem man das Bild anzuwenden beabsichtigt: zum Beispiel mit Namen wie *Geist*, *Intellekt*, *Seele*, oder mit Namen wie *Sender* und *Empfänger*. Gelingt die Vorstellung eines von Informationen pulsierenden Gewebes, in welchem an Knotenpunkten Verkehrsstauungen entstehen – eine nur scheinbar einfache Anstrengung der Einbildungskraft –, dann ist ein potenziell fruchtbares Bild für die Beurteilung einer Reihe von Fragen gewonnen, die die gegenwärtige Kulturkrise betreffen.«[408]

Eine Mediendesigntheorie

Sehen – Erklären – Erzählen

In Flussers Buch *Medienkultur* markiert das Aufrufen dieser Fragen einen Punkt, der den Zusammenhang zwischen Mensch und Gesellschaft betrifft, d.h. jenes Zusammentreffen, bei dem sich entscheiden soll, ob der Mensch ein Produkt der Gesellschaft oder die Gesellschaft ein Produkt des Menschen sei und ob zwischen beiden eine Spannung bestehe, wobei die vermittelnden Verhältnisse erneut die gestaltenden und gestalterischen Medien als Gewebe aus Informationskanälen und Informationsprozessen erscheinen lassen.

Flusser formuliert dies wie folgt: »Von dem vorgestellten *Gewebe* wurde nicht nur gesagt, daß in ihm Informationen gespeichert, sondern auch, daß Informationen in ihm erzeugt werden. Da sich symbolische Informationen sozusagen auf zwei Ebenen bewegen – auf der Ebene der *Botschaft* und auf jener des Code –, muß von Informationserzeugung auf zwei Ebenen gesprochen werden. Auf beiden kann die Informationserzeugung im Gewebe der Gesellschaft beobachtet werden. Auf der Ebene der *Botschaft* wird neue Information erzeugt, wenn eine Anzahl von Einzelgedächtnissen so gekoppelt wird, daß die in den Gedächtnissen gespeicherten Informationen ausgetauscht werden. Bei diesem *Dialog* genannten Prozeß entsteht neue Information durch Synthese bereits vorhandener Informationen also das Gegenteil jenes Informationsverlustes, welcher entsteht, wenn unsymbolische Informationen, zum Beispiel in kommunizierenden Gefäßen, ähnlich gekoppelt werden.«[409]

Dies wurde bereits Ende der 1970er-Jahre formuliert; gleichsam prophetisch wird hier das Alphabet des Diskurses digitaler Medien vorausgesehen. Flusser buchstabiert eine alphanumerische Gesellschaft x, deren Techniken, Ökonomien, Institutionen und sonstigen Strukturen, so unterschiedlich entwickelt sie auch sein mögen, dem Computer einen Platz in der menschlichen Organisation und dem Zustand seiner Kulturen sichern. Denn wer »die neuen Codes nicht lesen kann«, ist laut Flusser »Analphabet in einem mindestens so radikalen Sinn, wie es die der Schrift Unkundigen in der Vergangenheit waren«.[410] Gerade weil sich die so entstehenden alphanumerischen und ikonischen Botschaften von materiellen Unterlagen loslösen und in elektromagnetischen Feldern aufgehen, verändert sich für Flusser die Zukunft von Kultur schlechthin.

x
Alphanumerische Gesellschaft
So lautet der Titel eines Texts von Flusser für die Deutsche Akademie für Sprache und Dichtung Darmstadt 1989; gemeint sind nicht Informationen, die zuerst empfangen und dann analysiert werden müssen, sondern Informationen, die analysiert werden müssen, um überhaupt empfangen werden zu können.

Diese Hypothese wird von Hinweisen im Kontext seiner Designtheorie und seiner Bildtheorie gestützt. Sie beschreiben die Inszenierung einer »Bilderflut«[411] und bringen die besondere Komposition seines Denkens zur Geltung. Bezugnehmend auf die Tradition der Renaissance setzt Flusser dazu etwa Bekenntnisse zur Interpretation der Lascaux-Bilder x (als mitunter älteste bekannte abbildenden Kunstwerke der Menschheitsgeschichte) ein, die er für die Zwecke eines design- respektive bildphilosophischen Versuchs arrangiert. Der Standpunkt der Bildbetrachtung, geschieht sie in Lascaux oder in Florenz, entscheidet die Bildentschlüsselung – »im Kontext des modernen Weltbilds: apparatisch«[412]. Die Apparaturen von Bildern (und damit auch ihre »Schaltungen«) zu verstehen, heißt für Flusser, Medien zu sehen, um Kultur zu erklären und Design zu erzählen: »So wie sie gegenwärtig geschaltet sind, machen die neuen Medien Bilder zu Verhaltensmodellen und Menschen zu Objekten, aber sie können anders geschaltet werden und damit Bilder in Bedeutungsträger und Menschen zu gemeinsamen Entwerfern von Bedeutung verwandeln«[413].

x
Lascaux-Bilder
In der sogenannten Höhle von Lascaux im französischen Département Dordogne wurden bedeutende Höhlenmalereien der menschlichen Frühzeit entdeckt. Sie zählt zum Weltkulturerbe der UNESCO.

Im Sturm der Medien

Der bloße Einsatz eines Mediums ist dann eine Bedeutungserzeugung durch Design bzw. durch Bilder und beschränkt wird dies nicht auf deren rein visuelles Verständnis; eingeschlossen von diesem theoretischen Zugang sind ausdrücklich alle »Technobilder«[414], d. h. von Apparaten erzeugte Bilder, also auch Fotografien und vor allem Videos bzw. Filme, im Kino und im Fernsehen. Auf diese Weise entsteht bei Flusser letztendlich eine Mediendesigntheorie, die permanent auf kulturelle Verhältnisse zurückgebeugt wird, beispielsweise indem Anfänge interaktiver Empfängerbeteiligung an kommerziellen Fernsehanlagen mit »Daseinsformen« und »Lebensarten« kurzgeschlossen werden und eine Aufhebung des privaten und des öffentlichen Raums in einem »entstehenden dreidimensionalen Lebensraum« diagnostiziert wird.[415]

x
Telematik
Wortneuschöpfung aus den Begriffen »Telekommunikation« und »Informatik«, die beide Gebiete miteinander verknüpft, und zwar als Informationsverknüpfung von mindestens zwei Informationssystemen mit Hilfe von Telekommunikationssystemen sowie einer entsprechenden Datenverarbeitung.

In dem sinnbildlich betitelten Kapitel *Auf dem Weg zur telematischen* x *Informationsgesellschaft* laufen eine scharfe Kulturkritik und eine Problematisierung medientechnischer Innovation auf die Zuspitzung intersubjektiver Begleiterscheinungen zu, die eine eigene Begriffsdeutung hervorbringen: Dann »wird man«, schreibt Flusser, »auf jene technische Entwicklung verwiesen, die unter dem Namen *Telematik* im Gespräch ist«, d. h. auf »eine Technik, die zumindest der ihr innewohnenden Absicht nach auf das Errichten der hier gemeinten Informationsgesellschaft ausgeht.«[416] »Telematik« erklärt Flusser dabei wiederum begrifflich mit der Vorsilbe »tele«- und der Nachsilbe -»matik«. Die Vorsilbe meine das Näherbringen von Entferntem, wie dies etwa am Beispiel des Teleskops oder des Telefons ersichtlich sei; die Nachsilbe verweise auf das Wort »Automat«, das etwa »Selbstbewegung« bedeute und daher könne das Wort Telematik als eine Technik zum selbstbewegten Näherrücken von Entferntem gedeutet werden: Telematik sei dann jene Technik, dank der wir einander näherrücken, ohne uns anzustrengen, also eine Technik, »in deren Verlauf die Voraussetzung für eine Informationsgesellschaft im hier gemeinten Sinn durch Apparate hergestellt wird, welche die Offenheit des einen zum anderen, die Anerkennung des einen im anderen automatisch zuwege bringen, und zwar durch Apparate wie Telefone, Computerterminals mit reversiblen Kabeln oder Faxe.«[417]

Telematik ist für Flusser entsprechend jene Technik, die »das Errichten einer Gesellschaft zum Verwirklichen des einen im anderem aus dem Utopischen ins Machbare überträgt« und die die Informationsgesellschaft »in absehbarer Zukunft ermöglicht.«[418]

Es hieße jedoch, das reichhaltige Denken von Flusser unzureichend einschränken, würde man hier nicht ausdrücklich darauf hinweisen, dass Flusser nicht nur Bezeichnungen (modische Wörter und Diskurse) benutzt; vielmehr stellt er jene immer auf die Probe. Das ist es, was er zu bedenken gibt, wenn er – in einer bildhaft ausgeführten Textpassage zum Nomadischen [x] – Informationen, die ins Haus geliefert werden, durch materielle und/oder immaterielle Kanäle laufen sieht, während sie die Wände und Dächer der Häuser durchlöchern; wenn er einen Durchzug im Haus verspürt, den die Orkane der Medien verursachen; oder wenn er das Haus daher als unbewohnbar erachtet, da man darin wegen der Wirbel und Stürme nichts besitzen kann.

x
Nomadisch
Das »Herumschweifende«, das sich ergibt, wenn man eine nicht-sesshafte Lebensweise pflegt, d. h., seinen Lebensraum regelmäßig ändert und dabei eine Wanderbewegung durchläuft, die notwendig oder selbst gewählt sein kann (vgl. Winfried Gebhardt / Ronald Hitzler, Hg., *Nomaden, Flaneure, Vagabunden. Wissensformen und Denkstile der Gegenwart*, Wiesbaden 2006).

Dennoch »im Sturm der Medien« sitzenzubleiben, benennen für ihn hier zwei Formeln: »(1) Nicht mehr Besitz, sondern Information (nicht mehr Hardware, sondern Software) ist, was Macht ermöglicht«, sowie »(2) nicht mehr Ökonomie, sondern Kommunikation ist der Unterbau des Dorfes (der Gesellschaft)«.[419] Die Abhandlungen *Zum Häuser bauen, Zur Fabrik und zum städtischen Raum* bzw. *Zum Wellental,* die sich dieser Metaphorik anschließen, kann man durchaus für das nehmen, was sie selbst behaupten: »Feldbilder« und »Relationsfelder« zu sein,[420] die unsere Wahrnehmungen, Vorstellungen, Gefühle, Absichten, Erkenntnisse und Entscheidungen wenigstens bedingen.

Flusseristisch

Die Unterscheidung zwischen dem konkreten Vorfall und der von ihm ausgehenden Abstraktion bietet wesentliche Orientierung für Flussers Mediendesigntheorie, wie es die bereits oben zitierte Opposition von Hardware versus Software signifikant demonstriert: »Die harten Dinge in unserer Umwelt beginnen, von weichen Undingen verdrängt zu werden: Hardware von Software«[421]. In diesem System eines medienkulturphilosophischen Bewusstseins und einer begrifflichen Inanspruchnahme sind es zum wiederholten Male die digitalen Medien, mit denen Flusser eine neue Ontologie x und auch Anthropologie x Bahn brechen sieht,[422] lange bevor der Großteil der weltweiten Bevölkerung über einen Internetanschluss verfügt hat:

x
Ontologie
Lehre vom Sein, die als Disziplin der theoretischen Philosophie nach der Einteilung alles Seienden und den Grundstrukturen der Wirklichkeit sowie deren Möglichkeiten fragt.

x
Anthropologie
Lehre vom Menschen, die sich als philosophisches Fach mit dessen eigentlichem Wesen befasst und dabei versucht, vom einzelnen Individuum auf dessen Allgemeingültigkeit hin zu abstrahieren.

»Wir haben uns selbst», »unser Selbst«, heißt es bei Flusser, »als eine derartige *digitale Streuung*«, als »eine Verwirklichung von Möglichkeiten dank dichter Streuung zu begreifen« und wir »müssen uns als Krümmungen oder Ausbuchtungen im Feld einander kreuzender, vor allem zwischenmenschlicher Relationen verstehen«; auch wir seien »digitale Komputationen« aus »schwirrenden Punktmöglichkeiten« und es genüge nicht, einzusehen, dass »unser *Selbst* ein Knotenpunkt einander kreuzender Virtualitäten« oder »ein über Nervensynapsen springendes Komputieren« ist, sondern dass wir »auch danach handeln« müssen: »Die aus den Computern auftauchenden Welten sind ein Umsetzen des Eingesehenen in die Tat.«[423] Dieser handlungsbetonende Aspekt ist das Moment eines Flusseristischen Denkens, das sich in Medienkultur wie in allen seiner Bücher findet, in denen nach Projekten und Projektionen »von alternativen Welten«[424] gefragt wird und aus denen immer wieder neu Lektionen zu ziehen sind – explizit auch solche narrativer Natur.

Die Geschichte der Rezeption Vilém Flussers ist eine Geschichte der Kulturen, in der er in je anderer Sprache vortrug und veröffentlichte. Damit ist es auch zu erklären, wie rapide, hatte er erst einmal damit beginnen können, Vorlesungen zu halten und Publikationen zu realisieren, der Bekanntheitsgrad seiner Ideen gewachsen ist. Dies bekräftigt ebenfalls seine wichtige Rolle für das kulturelle Leben São Paulos, für dessen bedeutendste Zeitungen und Zeitschriften er schrieb, und auch seinen Einfluss auf die dortige junge Intelligenz. Von dieser wird z. B. berichtet: »Als wir ihn kennenlernten – ich spreche von einer Gruppe junger Universitätsleute in den sechziger Jahren, einer Generation, die den Gestus eines lockeren intellektuellen Umgangs mit der Angst kultivierte und deren Ironie noch nicht gänzlich abgeglitten war –, waren wir alle in der großen Leere der Sinnsuche versunken. Flusser, der Fremde in der Welt, vaterlandslos par excellence, von vielen als der *genuine Philosoph* Brasiliens angesehen, sollte an allem teilnehmen und alles fördern. [...] Für uns Jungen und Mädchen entpuppte sich Flusser als *peripatetischer* Lehrer [...].«[425]

Auch wenn sich nach der Rückkehr nach Europa Flussers Erfolg als viel gelesener, viel zitierter und gerne gehörter Theoretiker zunächst verzögert hat, so beweist doch spätestens der Status seiner ersten deutschsprachigen Buchveröffentlichung *Für eine Philosophie der Fotografie* 1983,[426] dass der Ansatz Flussers von großer Durchschlagkraft ist,[427] ein Ansatz, den es zu bewahren und zu erschließen gilt, sei es im Vilém Flusser-Archiv der Universität der Künste Berlin, in dem sein Nachlass betreut wird, sei es in den vielen veröffentlichten wissenschaftlichen Studien, die seinem Werk und seinem Andenken gewidmet sind[428] oder sei es mit Blick auf eine Designwissenschaft [x], die ihre Anleihen nunmehr aus medien-, kultur- und erzähltheoretischen Impulsen schöpft. Der Wunsch, die »*immaterielle* Kultur«[429], von der bereits die Rede war, weniger zu enträtseln als vielmehr zu erhellen, entpuppt sich für Vilém Flusser nicht mehr als Rätsel, sondern als Geheimnis; »[u]nd dieses Geheimnis versuchen wir nicht mehr zu entziffern – es ist unlesbar –, sondern wir versuchen, ihm einen Sinn zu verleihen – darauf unsere eigenen Zeichen zu projizieren«[430].

x
Designwissenschaft
Junge, sich noch im Entstehen befindende wissenschaftliche Disziplin, die sich mit Theorien der Gestaltung ebenso auseinandersetzt wie mit Technologietransfer und interdisziplinären Erforschungsmöglichkeiten des Designs (vgl. Oliver Ruf / Thomas Hensel, Hg., *Handbuch Designwissenschaft. Theorie – Praxis – Geschichte*, Stuttgart, i. E.).

Zum Abschluss der vorliegenden Ausführungen bleibt die Frage nach dem Ort, der einer Sinnsuche und Zeichenprojektion im Sinne Flussers gleichsam eine Heimat gibt. Dem Versuch, diesen Ort für das Design-Erzählen zu entdecken, ist das letzte Kapitel gewidmet; darin wird vorgeschlagen, jenen institutionell – und das bedeutet hier: im Rahmen einer Mediendesign-Forschung und -Lehre – buchstäblich zu errichten.

Für ein Labor »Neuen« Erzählens

Storytelling-Theorie

Was bislang noch nicht hinreichend umgesetzt werden konnte, ist ein Labor, das die dargestellten Bedeutungen und Realisierungen des Erzählens sowohl medien- und designtheoretisch fokussiert als auch nachhaltig auf praktische medial-gestalterische Anwendungen transferiert. Insbesondere angewandt-künstlerische Studiengänge und entsprechende Fachbereiche und Hochschulen mit explizit interdisziplinärer Struktur dürften dabei die idealen Voraussetzungen bieten, um ein solches Vorhaben forschungs- wie lehrorientiert umzusetzen. Im Folgenden soll das Projekt eines solchen Labors vorgestellt, noch einmal mit grundsätzlichen erzähltheoretischen Implikationen versehen und skizzenhaft aufgezeigt werden, welche Anforderungen sich dadurch an ein Storytelling für Mediendkultur-Designer x stellen.

x
Mediendesign
Beschäftigt sich mit der Gestaltung medialer Kommunikation, wie sie über künstlerische und technische Kompetenzen realisiert werden kann und die schriftliche, visuelle, audiovisuelle und multimediale Medien betrifft; sowohl zur Steuerung von deren Rezeption wie zur Komplexitätssteigerung von deren Inhalten wird Storytelling effektiv einsetzbar.

In dem dazugehörigen narratologischen Kontext ist zunächst zu fragen, inwiefern Praktiken des Storytellings einerseits grundsätzliche narrative Grundcharakteristiken aufweisen und andererseits, ob in deren Umsetzungspraxis erzählt oder vielmehr beschrieben, dargestellt bzw. berichtet wird. Die sprachwissenschaftliche Erzählforschung hat dazu die Unterscheidung zwischen Erzählen1 und Erzählen2 vorgeschlagen, bei der davon ausgegangen wird, dass es ein Erzählen im weiteren und engeren Sinn gibt:[431] Im ersten Fall gilt das Erzählen in der Alltagssprache als ein sogenannter »Architerm«, der ein Wortfeld unterschiedlicher sprachlicher Handlungen umfasst. Im zweiten Fall umfasst das Erzählen eine spezifische Form des sprachlichen Handelns, bei der eines oder mehrere erzählwürdige Ereignisse in einem fiktiven Erzählraum aufgearbeitet werden.[432]

Gleich wie man das Erzählen allerdings strukturell oder systematisch auffasst, wichtig bleibt – soll es professionell von Medienproduzierenden / -gestaltern / -konzeptern (Design-Autorinnen und -Autoren) verwendet werden – für jenes ein grundlegendes reflexives Verständnis zu entwickeln, das die narrativen Elemente theoretisch fundiert kennt (das also über Theoriewissen verfügt), um dessen Implikationen in eigene, richtungweisende Projekte transferieren zu können, und dies auf einem akademischen Spielplatz noch weitestgehend losgelöst von konkreten Kosten-Nutzen-Relationen und damit korrelierenden Erwartungen und Kapazitäten. Denn das ist die große Chance anwendungsorientierter [x] (hier medien- und designwissenschaftlicher) Lehre und Forschung: Den Freiraum zu haben, Erzählexperimente in der Überschreitung von Medien und Gestaltungen einschließlich ihrer Artefakte und Technologien zu wagen – Experimente, die naturgemäß jenen bereits angedeuteten Ort verlangen, an dem sie stattfinden sowie variiert und erprobt werden können.

x
Angewandte Forschung
Fokussiert im Gegensatz zur sogenannten Grundlagenforschung den Praxisbezug der untersuchten Gegenstände und Gegenstandsbereiche, für die neues Wissen ebenso generiert wie vorhandenes Wissen neu kombiniert werden soll, um im Idealfall konkrete Problemlösungen etwa für Technik und Ökonomie vorzulegen.

Story-Lab-Vision

Um einem solchen Anspruch gerecht zu werden und einen derartigen Ort zu schaffen, soll an dieser Stelle für ein entsprechendes Labor als »Story-Lab« plädiert werden, das eine Plattform für angewandte Erzählforschung und -lehre in Medienentwicklungen und im Designbetrieb bedeutet. Dessen Problemstellungen müssten etwa folgende Fragestellungen aufwerfen:

– Da Design heute vehement digital kontextualisiert und konnotiert ist, gibt es kaum mehr einen Bereich, der nicht auf digitale Entwürfe, Software, Oberflächen, Stoffe, Materialien, Befehle, Eingaben, Ausgaben usw., sprich digitale Methoden und digitale Codierung angewiesen ist, mit ihnen arbeitet, auf sie zurückgreift und auch selbst formt.[433]

- Dieser Befund hat für die diversen Designdisziplinen neue Gegenstände und Felder erschlossen: Im Kommunikationsdesign müssen nicht nur Webseiten konzipiert und gestaltet werden, sondern im Besonderen im Verbund mit neuen digitalen Objekten und Endgeräten erstellt werden; im Informationsdesign geht es um die zielgruppengerechte und medienübergreifende Informationsaufbereitung, die mittlerweile mindestens mobile Multimediaprodukte hervorbringt und im »Motion Design« steht etwa im Vordergrund, wie traditionelles Grafikdesign und klassische audiovisuelle Disziplinen mit digitaler Technologie verknüpft werden können.[434]

- Wird nun digitales Design mit Mitteln des Storytellings anwendungsorientiert kurzgeschlossen, beobachtet die Forschung vorliegende gute wie schlechte Beispiele, kritisiert, kommentiert und interpretiert sie, um daraus eigene Strategien abzuleiten, zukunftsweise Prototypen des Erzählens zu entwerfen und so auch die Machbarkeit von »Story-Architekturen« aufzuzeigen.

Das Ziel des Story-Lab ist es also, durch die Auswahl und Überprüfung von passenden Erzählkomponenten (u. a. im digitalen Bereich) und einem Maximum an Verstehensleistungen Designlösungen zu schaffen, die effizient für einen breiten Rezipientenkreis zu vermarkten sind. Durch diese Designpolitik in entsprechenden Designräumen [x] wird am Ende erzählerische Nachhaltigkeit erreicht: Designgeschichten bleiben in bemerkenswerter Weise memorierbar und tragen deshalb auffallend zum Erfolg dessen bei, das sie transportieren.[435]

x
Designräume
Können auch als Medien des Regierens verstanden werden, da in ihnen Dinge hergestellt werden, die in diesen Räumen Zwänge und Gewalt ausüben (vgl. Friedrich Balke / Maria Muhle, *Einführung*, in: dies., Hg., *Räume und Medien des Regierens*, München 2016, S. 8–23, hier S. 14).

Medien- / Designästhetik

An diesem programmatischen Labor »Neuen« Erzählens werden demgemäß die vielseitigen Themen eines Storytelling für Designer mit anzusprechenden Bereichen, gestalterischen Grundlagen und Vertiefungen behandelbar. In diesem Zusammenhang sollte sich das Labor als Ort für deren Erforschung und deren Vermittlung verstehen,[436] d. h. zusätzlich zu seinem Charakter als Forschungsstätte als Ort für die Ausbildung von Studierenden neben dem regulären Studienbetrieb. Ein solches Labor begreift sich folglich als ein Angebot, das Storytelling in der Gesellschaft mit der Brille der Mediendesignkultur forschend und lehrend erblickt und für diesen Zweck Impulse in die Lehre gibt, Medien- und Designprojekte als Erzählvorhaben anstößt und rahmt, Konferenzteilnahmen ermöglicht, Tagungen organisiert, wissenschaftliche Publikationen vorbereitet und mit Kontakten aus Wissenschaft und aus Industrie vernetzt.

In diesem Story-Lab geht es schließlich auch um das nicht von der Hand zu weisende Bedürfnis, ästhetische Erfahrungen im Hinblick auf neue medial-gestalterische Erzählweisen zu ermöglichen. Im Fokus steht also auch eine Medienästhetik, die ihrer ursprünglichen Bedeutung als »Wahrnehmungsschule« einen Zuträgerdienst erweist und die die theoretischen Kenntnisse mit praktischen Inhalten (für neue Medien und neue Gestaltungen) verknüpft wie verfestigt.[437] Das »Neue« des Erzählens korrespondiert für seine Storyteller und Story-Designer mit diesem regelrechten Verlangen nach einer Ästhetik, die auf die Schaltungen, die Bedingungen und Bedeutungen des technischen Funktionierens wie auf diejenigen des ökonomischen Fortschritts designästhetisch angewiesen bleibt.[438]

Grundlagenbibliografie Erzähltheorie (alphabetisch)

- Abbott, Horace Porte, **The Cambridge Introduction to Narrative**, Cambridge 2002.
- Adams, Jon K., **Narrative Explanation. A Pragmatic Theory of Discourse**, Frankfurt / M. 1996.
- Anderegg, Johannes, **Fiktion und Kommunikation. Ein Beitrag zu Theorie der Prosa**, Göttingen 1973.
- Angelet, Christian / Herman, Jan, **Narratologie**, in: Delcroix, Maurice / Hallyn, Fernand (Hg.), **Méthodes du texte. Introduction aux études littéraires**, Paris 1987, S. 168–201.
- Armstrong, Nancy / Tennenhouse, Leonard, **History, Poststructuralism, and the Question of Narrative**, in: **Narrative 1** (1993), S. 45–58.

- Bachtin, Michail, **Formen der Zeit im Roman. Untersuchungen zur historischen Poetik**, Frankfurt / M. 1989.
- Bal, Mieke, **Narratologie. Les instances du récit. Essais sur la signification narrative dans quatre romans modernes**, Paris 1977.
- Bal, Mieke, **Narratology. Introduction to the Theory of Narrative**, 2. Aufl., Toronto 1997.
- Banfield, Ann, **Unspeakable Sentences. Narration and Representation in the Language of Fiction**, Boston / London 1983.
- Barthes, Roland, **Einführung in die strukturale Analyse von Erzählungen**, in: ders., **Das semiologische Abenteuer**, Frankfurt / M. 2002, S. 102–143.
- Barthes, Roland, **S/Z**, 3. Aufl., Frankfurt / M. 1998.
- Bessiere, Jean, **Fiction, texte, narratologie, genre**, New York 1989.
- Biasi, Pierre-Marc de, **La génétique des textes**, Paris 2000.
- Blanckenburg, Friedrich von, **Versuch über den Roman**, Stuttgart 1965.
- Boileau, Nicolas, **L'Art poétique. Die Dichtkunst**, Stuttgart 1967.
- Booth, Wayne, **Die Rhetorik der Erzählkunst**, Heidelberg 1974.
- Brooks, Cleanth / Robert P. Warren, **Understanding Fiction**, New York 1943.

- Champigny, Robert, **Ontology of the Narrative**, The Hague und Paris 1972.
- Chatman, Seymour, **Story and discourse: Narrative structure in fiction and film**, Ithaca 1975.
- Chatman, Seymour, **Coming to Terms. The Rhetoric of Narrative in Fiction and Film**, Ithaca / London 1990.
- Chatman, Seymour, **Reading Narrative Fiction**, New York 1993.
- Cohn, Dorrit, **Transparent Minds. Narrative Modes for Presenting Consciousness in Fiction**, Princeton 1978.
- Cohn, Dorrit, **The Distinction of Fiction**, Baltimore 1999.
- Culler, Jonathan, **On Deconstruction. Theory and Criticism after Structuralism**, London / Melboume / Henley 1983.

- Demandt, Alexander, **Ungeschehene Geschichte. Ein Traktat über die Frage: Was wäre geschehen, wenn…?**, Göttingen 1986.
- Dijk, Teun van, **La métathéorie du récit. Colloque L'Analyse structurale du récit**, Urbino 1969.

- Ehrlich, Susan, **Point of View. A Linguistic Analysis of Literary Style**, London 1990.
- Erzgräber, Willi / Goetsch, Paul (Hg.), **Mündliches Erzählen im Alltag, fingiertes mündliches Erzählen in der Literatur**, Tübingen 1987.
- Ewen, Joseph, **A Dictionary of Narrative Fiction**, Jerusalem 1978.

- Fehn, Ann, **Neverending Stories. Toward a Critical Narratology**, Princeton 1992.
- Fludernik, Monika, **The Fictions of Language and the Language of Fiction. The Linguistic Representation of Speech and Consciousness**, London 1993.
- Fludernik, Monika, **Towards a ›Natural‹ Narratology**, London 1996.
- Fludernik, Monika, **Erzähltheorie. Eine Einführung**, 4. Aufl., Darmstadt 2013.
- Friedemann, Käte, **Die Rolle des Erzählers in der Epik**, Darmstadt 1965.
- Friedman, Norman, **Form and Meaning in Fiction, Athens,** Georgia 1975.

– Genette, Gérard, **Die Erzählung**, 2. Aufl., München 1998.
– Genette, Gérard, **Fiktion und Diktion**, München 1992.

– Hamburger, Käte, **Die Logik der Dichtung**, 4. Aufl., Stuttgart 1994.
– Haubrichs, Wolfgang (Hg.), **Erzählforschung**, 3 Bde., Göttingen 1976, 1977, 1978.
– Helbig, Jörg (Hg.), **Erzählen und Erzähltheorie im 20. Jahrhundert. Festschrift für Wilhelm Füger**, Heidelberg 2001.
– Herman, David, **Narratologies. New Perspectives on Narrative Analysis**, Columbus, Ohio 1999.
– Herman, David (Hg.), **Narrative Theory and the Cognitive Sciences**, Stanford, Cal. 2003.
– Herman, David (Hg.), **The Cambridge Companion to Narrative**, Cambridge 2007.
– Hühn, Peter et al. (Hg.), **Handbook of Narratology**, Berlin 2009.

– Jahn, Manfred, Frames, **Preferences, and the Reading of Third-Person Narratives: Towards a Cognitive Narratology**, in: **Poetics Today 18.4** (1997), S. 441–468.
– Jahn, Manfred, **Narratologie: Methoden und Modelle der Erzähltheorie**, in: Ansgar Nünning (Hg.), **Literaturwissenschaftliche Theorien, Modelle und Methoden. Eine Einführung**, Trier 1995, S. 29–50.
– Janik, Dieter, **Die Kommunikationsstruktur des Erzählwerks. Ein semiologisches Modell**, Bebenhausen 1973.

– Kahrmann, Cordula / Reiß, Gunter / Schluchter, Manfred, **Erzähltextanalyse. Eine Einführung in Grundlagen und Verfahren,** 2 Bde., Kronberg 1977.
– Kayser, Wolfgang, **Das sprachliche Kunstwerk. Eine Einführung in die Literaturwissenschaft**, 20. Aufl., Bern / München 1992.
– Kayser, Wolfgang, **Wer erzählt den Roman?**, in: Jannidis, Fotis et al. u. a. (Hgg.), **Texte zur Theorie der Autorschaft**, Stuttgart 2000.
– Keller, Ulrich, **Fiktionalität als literaturwissenschaftliche Kategorie**, Heidelberg 1980.
– Kindt, Tom / Müller, Hans-Harald (Hg.), **What is Narratology?**, Berlin / New York 2003.

- Köppe, Tilmann / Kindt, Tom, **Erzähltheorie. Eine Einführung**, Stuttgart 2014.
- Koschorke, Albrecht, **Wahrheit und Erfindung. Grundzüge einer Allgemeinen Erzähltheorie**, Frankfurt / M. 2012.
- Kuhn, Markus, **Narrativität transmedial. Von der sprachbasierten zur audiovisuellen Narratologie. Überlegungen zur medialen Reichweite der Narrativität und den Grundlagen einer audiovisuellen Filmnarratologie**, in: John A. Bateman et al. (Hg.), **Film, Text, Kultur. Beiträge zur Textualität des Films**, Marburg 2012, S. 58–85.

- Lämmert, Eberhard, **Bauformen des Erzählens**, 8. Aufl., Stuttgart 2002.
- Lahn, Silke / Meister, Jan Christoph, **Einführung in die Erzähltextanalyse**, 2. Aufl., Stuttgart 2016.
- Lanser, Susan Sniader, **The Narrative Act. Point of View in Prose Fiction**, Princeton 1981.
- Lotman, Jurij M., **Die Struktur literarischer Texte**, 4. Aufl., München 1993.

- Mahne, Nicole, **Mediale Bedingungen des Erzählens im digitalen Raum. Untersuchung narrativer Darstellungstechniken der Hyperfiktion im Vergleich zum Roman**, Frankfurt / M. 2006.
- Mahler, Andreas, **Erzählt der Film?**, in: **Zeitschrift für französische Sprache und Literatur 111.3** (2001), S. 260–269.
- Mahne, Nicole, **Transmediale Erzähltheorie. Eine Einführung**, Göttingen 2007.
- Martínez, Matías / Scheffel, Michael, **Einführung in die Erzähltheorie**, 9. Aufl., München 2003.
- Meister, Jan Christoph, **Computing Action: A Narratological Approach**, Berlin 2003.
- Meister, Jan Christoph (Hg.), **Narratology beyond Literary Criticism. Mediality, Disciplinarity**, Berlin 2005.
- Metz, Christian, **Essais sur la signification au cinéma**, Bd. 1, Paris 1968.
- Mieth, Dietmar (Hg.), **Erzählen und Moral. Narrativität im Spannungsfeld von Ethik und Ästhetik**, Tübingen 2000.
- Molino, Jean / Lafhail-Molino, Raphaël, **Homo fabulator. Théorie et analyse du récit**, Montréal 2003.

– Nünning, Vera / Nünning, Ansgar (Hg.), **Erzähltheorie transgenerisch, intermedial, interdisziplinär**, Trier 2002.
– Nünning, Vera / Nünning, Ansgar (Hg.), **Erzähltextanalyse und Gender Studies**, Stuttgart 2004.
– Nünning, Vera / Nünning, Ansgar, **Multiperspektivität aus narratologischer Sicht. Erzähltheoretische Grundlagen und Kategorien zur Analyse der Perspektivenstruktur narrativer Texte**, in: dies. (Hg.), **Multiperspektivisches Erzählen**, Trier 2000, S. 39–77.
– Nünning, Vera / Nünning, Ansgar (Hg.), **Neue Ansätze in der Erzähltheorie**, Trier 2002.

– Onega Jaén, Susana (Hg.), **Narratology: An Introduction**, London 1999.

– Peer, Willie van / Chatman, Seymour, **New Perspectives on Narrative Perspective**, Albany 2001.
– Petersen, Jürgen H., **Erzählsysteme. Eine Poetik epischer Texte**, Stuttgart 1993.
– Petersen, Jürgen H., **Fiktionalität und Ästhetik. Eine Philosophie der Dichtung**, Berlin 1996.
– Prince, Gerald, **Narratology. The Form and Function of Narrative**, Berlin 1982.
– Prince, Gerald, **A Dictionary of Narratology**, rev. Aufl., Lincoln 2003.
– Propp, Vladimir, **Morphologie des Märchens**, Frankfurt / M. 1975.

– Rajewsky, Irina O., **Von Erzählern, die (nichts) vermitteln. Überlegungen zu grundlegenden Annahmen der Dramentheorie im Kontext einer transmedialen Narratologie**, in: **Zeitschrift für französische Sprache und Literatur 117.1** (2007), S. 25–68.
– Ricoeur, Paul, **Zeit und Erzählung**, 3 Bde., München 1981, 1989, 1991.
– Rimmon-Kenan, Shlomith, **Narrative Fiction. Contemporary Poetics**, London / New York 1983.
– Ritter, Alexander (Hg.), **Zeitgestaltung in der Erzählkunst**, Darmstadt 1978.
– Ryan, Marie-Laure (Hg.), **Narrative across Media. The Languages of Storytelling**, Lincoln, NE et al. 2004.

- Scheffel, Michael, **Formen selbstreflexiven Erzählens. Eine Typologie und sechs exemplarische Analysen**, Tübingen 1997.
- Schmid, Wolf, **Elemente der Narratologie**, Berlin 2005.
- Spielhagen, Friedrich, **Beiträge zur Theorie und Technik des Romans**, Leipzig 1883.
- Stanzel, Frank K., **Die typischen Erzählsituationen im Roman dargestellt an Tom Jones, Moby-Dick, The Ambassadors, Ulysses u.a.**, Wien / Stuttgart 1955.
- Stanzel, Franz K., **Theorie des Erzählens**, 8. Aufl., Göttingen 2008.
- Stanzel, Franz K., **Typische Formen des Romans**, Göttingen 1964.
- Stanzel, Franz K., **Wandel des narrativen Diskurses in der Moderne**, in: Kloepfner, Rolf / Janetzke-Dillner, Gisela (Hg.), **Erzählung und Erzählforschung im 20. Jahrhundert**, Stuttgart 1981, S. 371–383.
- Sturgess, Philip J. M., **Narrativity. Theory and Practice**, Oxford 1992.

- Vogt, Jochen, **Aspekte erzählender Prosa. Eine Einführung in Erzähltechnik und Romantheorie**, 11. Aufl., Opladen 2014.

- Wagner, Karl (Hg.), **Moderne Erzähltheorie. Grundlagentexte von Henry James bis zur Gegenwart**, Wien 2002.
- Wahlin, Claes (Hg.), **Perspectives on Narratology. Papers from the Stockholm Symposium on Narratology**, Frankfurt / M. et al. 1996.
- Wolf, Werner, **Narratology and Media(lity). The Transmedial Expansion of a Literary Discipline and Possible Consequences**, in: Greta Olson (Hg.), **Current Trends in Narratology**, Berlin 2011, S. 145–180.

Endnoten

Design – Technik – Narration

1
Siehe dazu u. a. Marie-Laure Ryan (Hg.), **Narrative across Media. The Languages of Storytelling**, Lincoln NE 2004.

2
Klaus Nikolaus Renner, **Erzählen im Zeitalter der Medienkonvergenz**, in: Karl N. Renner / Dagmar von Hoff / Matthias Krings (Hg.), **Medien – Erzählen – Gesellschaft. Transmediales Erzählen im Zeitalter der Medienkonvergenz**, Berlin / Boston 2013, S. 1–18, hier S. 2.

3
Vgl. Werner Wolf, **Das Problem der Narrativität in Literatur, bildender Kunst und Musik. Ein Beitrag zu einer intermedialen Erzähltheorie**, in: Ansgar Nünning / Vera Nünning (Hg.), **Erzähltheorie transgenerisch, intermedial, interdisziplinär**, Trier 2002, S. 23–104, hier S. 23.

4
Diese Möglichkeitsdimension narrativer Neu-Formierung wird u. a. diskutiert in Thomas Eicher, **Was heißt (hier) Intermedialität?**, in: ders. / Ulf Bleeckman (Hg.), **Intermedialität. Vom Bild zum Text**, Bielefeld 1994, S. 11–28.

5
Vgl. Irina O. Rajewsky, **Intermedialität**, Tübingen 2002, S. 16.

6
Vgl. Siegfried J. Schmidt / Guido Zurstiege, **Orientierung Kommunikationswissenschaft. Was sie kann, was sie will**, Reinbek bei Hamburg 2000, S. 170.

7
Vgl. Renner (wie Anm. 2), S. 5. Siehe dazu auch Deyan Sudjic, **The Language of Things. Understanding the World of Desirable Objects**, New York 2009, sowie Ellen Lupton, **Design is Storytelling**, London 2017.

8
Eine solche »Entfaltung« des Themas meint auch dessen Begriffsherkunft im Sinne von Gilles Deleuze, denn »[d]ie Falte ist eine Art der Teilung, die nicht wiederum Geteiltes identifiziert, sie ist eher eine Bewegung und kein einzelner Akt, nichts, was vollzogen wird, und nichts, was geschieht, sondern die Figur eines singulären Unendlichen, ein Punkt, der zugleich eine Linie ist.« (Ulrich Johannes Schneider, **Anachronismus und Zeit der Philosophie in den Leibniz-Interpretationen von Martin Heidegger und Gilles Deleuze**, in: Andreas Speer, Hg., **Anachronismen. Tagung des Engeren Kreises der Allgemeinen Gesellschaft für Philosophie in Deutschland (AGPD) vom 3. bis 6. Oktober 2001 in der Würzburger Residenz**, Würzburg 2003, S. 141–151, hier S. 144.)

9
Siehe zum Folgenden Oliver Ruf, **Da/zwischen: Designtheorie nach Vilém Flusser**, in: Rodrigo Duarte / Thomas Friedrich (Hg.), **Kulturdialog bei Vilém Flusser**, Münster 2018, i. E.

10
Vilém Flusser, **Ins Universum der technischen Bilder**, Göttingen 1985, S. 10.

11
Ebd., S. 10f.

12
Siehe dazu auch Dieter Mersch / Oliver Ruf, **Bildbegriffe und ihre Etymologien**, in: Stephan Günzel / Dieter Mersch (Hg.), **Bild. Ein interdisziplinäres Handbuch**, Stuttgart / Weimar 2014, S. 1–7.

13
Flusser (wie Anm. 10), S. 11.

14
Ebd.

15
Ebd.

16
Ebd.

17
Die Aktualität dieser Behauptung Flussers ist angesichts derzeitiger medientechnologischer Entwicklungen evident. Siehe dazu ausführlich Oliver Ruf, **Medientaktilität**, in: Gerhard Schweppenhäuser (Hg.), **Handbuch Medienphilosophie**, Darmstadt 2018, S. 191–199; ders., **Wischen und Schreiben. Von Mediengesten zum digitalen Text**, Berlin 2014; ders., **Die Hand. Eine Medienästhetik**, Wien 2014; ders., **Wischen**, in: Heiko Christians / Matthias Bickenbach / Nikolaus Wegmann (Hg.), **Historisches Wörterbuch des Mediengebrauchs**, Köln / Weimar 2014, S. 641–652; ders., **›Bewegtes‹ Schreiben: Multimediale Schrift zwischen Wissensdesign, medientechnischer Materialität und virtuellem Ereignis**, in: Urs Büttner et al. (Hg.), **Diesseits des Virtuellen. Handschriften im 20. und 21. Jahrhundert**, München 2014, S. 63–88; ders., **Der digitale Textentwurf: Prolegomena zu einem materialästhetischen Feld medienkulturwissenschaftlicher Forschung**, in: Henning Lobin et al. (Hg.), **Lesen, Schreiben, Erzählen. Kommunikative Kulturtechniken im digitalen Zeitalter**, Frankfurt / M. / New York 2013, S. 37–62.

18
Vilém Flusser, **Vom Stand der Dinge. Eine kleine Philosophie des Design**, hg. v. Fabian Wurm, Göttingen 1993, S. 9.

19
Vgl. ebd.

20
Ebd.

21
Zur umfassenden kulturgeschichtlichen Umschau dieses Gedankens siehe Peter von Matt, **Die Intrige. Theorie und Praxis der Hinterlist**, München 2006.

22
Flusser (wie Anm. 18), S. 9.

23
Vgl. ebd., S. 10.

24
Ebd.

25
Ebd., S. 10f.

26
Ebd., S. 11.

27
Siehe dazu auch Jürg-Peter Huber, **Griffel, Feder, Bildschirmstift. Eine Kulturgeschichte der Schreibgeräte**, Aarau 1985.

28
Flusser (wie Anm. 18), S. 12.

29
Ebd.

30
Ebd. Zur ironisch motivierten Begriffsphilosophie von Flusser siehe u. a. Mara Recklies, **Im Spielraum der Ironie. Wie Vilém Flusser über Design schrieb**, in: **flusserstudies 25** (2018), o. S.

31
Es ist interessant, diesen Standpunkt Flussers mit demjenigen Roland Barthes abzugleichen, explizit mit Roland Barthes, **Mythen des Alltags** [1957], erste vollst. dt. Ausg., aus dem Franz. v. Horst Brühmann, Berlin 2010. Dies ist etwa am Beispiel der Fotografie erfolgt in Florian Arndtz, **Über Fotografie schreiben. Vilém Flusser, Roland Barthes, Jacques Derrida**, in: **Flusser Studies 10** (2010), o. S. Vgl. zudem Oliver Ruf, **Was waren soziale Medien? Zum Eigensinn des Alltags: Phänomenologien digitaler Mythen**, in: **schliff. Literaturzeitschrift 6** (2017), S. 185–193.

32
Flusser (wie Anm. 18), S. 40.

33
Ebd.

34
Ebd., S. 41.

35
Vgl. Kathrin Busch, **Kraft der Dinge. Notizen zu einer Kulturtheorie des Designs**, in: **IMAGE – Zeitschrift für interdisziplinäre Bildwissenschaft 8** (2008), S. 16–24; hier S. 22f.: »Design und die übrigen Bereiche der anwendungsbezogenen Gestaltung sind vielmehr als Medium der Kultur anzusehen. Design ist nicht nur kulturrelevant, sondern es hat sich zu einer der wichtigsten kultur-konstitutiven Kräfte entwickelt. Designprodukte wie Dinge, Oberflächen, Bilder oder Raumgestaltungen haben neben ihrem Tausch- und Gebrauchswert daher auch einen ›Kultur-Wert‹. In der Gestaltung findet nicht nur eine Auseinandersetzung mit ästhetischen Ansprüchen, technischen Neuerungen und gesellschaftlichen oder ökologischen Erfordernissen statt, sondern es figuriert sich jeweils eine alltagskulturelle Welt. Daher ist für eine kulturtheoretische Fundierung von Design zu plädieren. Die Reduktion von Design auf Funktionalismus einerseits oder bloße Ästhetisierung andererseits vernachlässigt die Schaffung von Alltagspraktiken durch Gebrauchsgegenstände, Informationen und Umgebungen. Philosophisch ist diese kulturelle und lebensweltliche Bedeutung des Designs bislang keineswegs erschöpfend bedacht.«

36
Vgl. Jacques Rancière, **Politik der Bilder** [2003], aus dem Franz. v. Maria Muhle, Berlin / Zürich 2005, S. 114, 118.

37
Flusser (wie Anm. 18), S. 42.

38
Ebd.

39
Ebd., S. 17.

40
Ebd., S. 24.

41
Ebd., S. 90.

42
Ebd.

43
Ebd., S. 101.

44
Ebd.

45
Vgl. etwa Thomas Schröpfer, **Material Design. Materialität in der Architektur**, Basel 2011.

46
Vgl. Flusser (wie Anm. 18), S. 105.

47
Ebd.

48
Ebd.

49
Siehe dazu u. a. auch Claudia Mareis, **Theorien des Designs zur Einführung**, Hamburg 2016; Gerhard Schweppenhäuser, **Designtheorie**, Wiesbaden 2016.

50
Flusser (wie Anm. 18), S. 109.

51
Ebd., S. 110.

52
Ebd.

53
Ebd., S. 111.

54
Ebd.

55
Siehe dazu auch Jürgen E. Müller, **Intermedialität als poetologisches und medientheoretisches Konzept. Einige Reflexionen zu dessen Geschichte**, in: Jörg Helbig (Hg.), **Intermedialität. Theorie und Praxis eines interdisziplinären Forschungsgebietes**, Neuaufl., London 2009, S. 31–40. Dort heißt es, ein Objekt werde dann »*inter*-medial, wenn es das *multi*-mediale Nebeneinander medialer Zitate und Elemente in ein konzeptionelles Miteinander« überführe, »dessen (ästhetische) Brechungen und Verwerfungen neue Dimensionen des Erlebens und Erfahrens eröffnen.« (Ebd., S. 31f.)

56
Siehe dazu auch Ortrud Gutjahr, **Interkulturalität: Zur Konjunktur und Bedeutungsvielfalt eines Begriffs**, in: Claudia Benthien/Hans Rudolf Velten (Hg.), **Germanistik als Kulturwissenschaft. Eine Einführung in neue Theoriekonzepte**, Reinbek bei Hamburg 2002, S. 345–36. Dort heißt es: »So wird mit dem Begriff der Interkulturalität eine Grenzüberschreitung in den Blick genommen, bei der weder ein wie auch immer gefasstes Innerhalb oder Außerhalb der Grenze noch die Grenze zum eigentlichen Untersuchungsgegenstand wird, sondern vielmehr das *Inter* selbst.« (Ebd., S. 352.)

57
Siehe dazu auch Dieter Mersch, **Semiotik und Rationalitätskritik. Umberto Ecos negative Aufklärungskonzeption**, in: **Divinatio. Studia culturologica Series 22** (2005), S. 63–76. Dort heißt es: »Etwas muss – im buchstäblichen Sinne – ins Denken hineinscheinen, muss es in Unruhe halten und affizieren, etwas, was seinen Deutungen entgegensteht und seine Konstruktionen unterbindet, was gleichzeitig aber auch seine Unabschließbarkeit und Kreativität induziert. In letzter Instanz beruht dann das gesuchte Kriterium auf dem Appell, die Welt, das Universum der Zeichen und der Texte und mit ihr die Traditionen und Kulturen ernst zu nehmen, um ihnen vorsichtig und behutsam unsere eigene Interpretationen hinzuzufügen.« (Ebd., S. 74.) Siehe zudem auch Thomas Friedrich/Gerhard Schweppenhäuser, **Bildsemiotik. Grundlagen und exemplarische Analysen visueller Kommunikation**, 2. Aufl., Basel 2017.

58
Siehe dazu etwa Thomas Strässle, **Einleitung. Pluralis materialitatis**, in: ders./Christoph Kleinschmidt/Johanne Mohs (Hg.), **Das Zusammenspiel der Materialien in den Künsten. Theorien – Praktiken – Perspektiven**, Bielefeld 2013, S. 7–23. Dort heißt es: »Nachdem die Kunstwissenschaft lange Zeit der klassischen Ästhetik mit ihrem traditionellen Postulat der ›Materialsublimierung‹ gefolgt war, gemäß der das gegenüber der Form als niedriger bewertete Material ›überwunden‹ werden müsse, hat sich in jüngerer Zeit ein Paradigmenwechsel vollzogen, der das Material der Kunst in Emanzipation von seiner ›Prä-Formation‹ und insofern als autonome ästhetische Kategorie denkt. Die Materialanalyse wurde der Formanalyse gleichzustellen bzw. diese Dichotomie zu überwinden versucht. Dies steht nicht zuletzt vor dem Hintergrund der Tatsache, dass sich im Laufe des 20. Jahrhunderts – und verstärkt seit den 1960er Jahren – das Spektrum an Materialien, die in Kunstwerken Verwendung finden, in nahezu unüberschaubarer Weise erweitert hat und gerade auch alltägliche, veränderliche und vergängliche Stoffe wie Fett, Filz, Fleisch, Federn, Haare, Blut, Stroh, aber auch Asphalt, Schaum, Leim etc. in die Kunst Einzug hielten.

Entsprechend wurde der Materialbegriff selbst bedeutend weiter gefasst und aus seiner traditionellen Fixierung auf ›klassische‹ Stoffe wie Marmor, Bronze, Gips befreit. Unter einem solcherart modifizierten, amplifizierten und emanzipierten Materialbegriff wurde es erst möglich, Kunstwerke jüngeren Datums in ihrer genuin materialen Konstitution und Exposition lesbar zu machen. Zugleich entstanden daraus neue Lektüren klassischer Postulate wie etwa desjenigen nach der ›materialgerechten‹ Form.« (Ebd., S. 9.)

Was ist Erzählen?

59
Vgl. Gérard Genette, **Die Erzählung** [1972], 3. Aufl., Paderborn 2010, S. 12.

60
Ebd., S. 13.

61
Vgl. ebd.

62
Franz K. Stanzel, **Theorie des Erzählens**, 8. Aufl., Göttingen 2008, S. 15.

63
Siehe dazu mit Blick auf neuere mediale Erzählverfahren u. a. Hans-Joachim Backe, **Strukturen und Funktionen des Erzählens im Computer. Eine typologische Einführung**, Würzburg 2008, S. 169f.

64
Vgl. Monika Fludernik, **Erzähltheorie. Eine Einführung**, 3. Aufl., Darmstadt 2010, S. 15f.

65
Genette (wie Anm. 59), S. 17.

66
Vgl. ebd., S. 26f.

67
Fludernik (wie Anm. 64), S. 15.

68
Vgl. ebd.

69
Vgl. Nicole Mahne, **Transmediale Erzähltheorie. Eine Einführung**, Göttingen 2007, S. 12.

70
Wolf Schmid, **Elemente der Narratologie**, Berlin/New York 2005, S. 1.

71
Vgl. Matías Martínez/Michael Scheffel, **Einführung in die Erzähltheorie**, 9. Aufl., München 2012, S. 8.

72
Siehe dazu auch Markus Kuhn, **Filmnarratologie. Ein erzähltheoretisches Analysemodell**, Berlin / New York 2011, S. 49.

73
Vgl. Mahne (wie Anm. 69), S. 13.

74
Vgl. Schmid (wie Anm. 70), S. 2.

75
Vgl. Martínez / Scheffel (wie Anm. 71), S. 13f.

76
Vgl. ebd., S. 12.

77
Vgl. ebd., S. 34–37.

78
Mahne (wie Anm. 69), S. 82.

79
Vgl. Genette (wie Anm. 59), S. 183.

80
Vgl. Martínez / Scheffel (wie Anm. 71), S. 33.

81
Vgl. ebd., S. 42.

82
Vgl. Genette (wie Anm. 59), S. 54.

83
Martínez / Scheffel (wie Anm. 71), S. 47.

84
Vgl. ebd., S. 48f.

85
Vgl. Genette (wie Anm. 59), S. 73.

86
Vilém Flusser, Räume [1991], in: Jörg Dünne / Stephan Günzel (Hg.), **Raumtheorie. Grundlagentexte aus Philosophie und Kulturwissenschaften**, Frankfurt / M. 2006, S. 274–284, hier S. 277.

87
Vgl. Jurij M. Lotman, **Die Struktur des künstlerischen Textes** [1970], hg. v. Rainer Grübel, aus dem Russ. v. dems., Walter Kroll u. Hans-Eberhard Seidel, Frankfurt / M. 1973, S. 360.

88
Martínez / Scheffel (wie Anm. 71), S. 140f.

89
»Diese Struktur des Topos ist einerseits das Prinzip der Organisation und der Verteilung der Figuren im künstlerischen Kontinuum und fungiert andererseits als Sprache für den Ausdruck anderer, nichträumlicher Relationen des Textes.« (Ebd.)

90
Jurij M. Lotman, **Die Struktur literarischer Texte** [1972], aus dem Russ. v. Rolf-Dietrich Keil, München 1972, S. 330.

91
Vgl. ebd.

92
Ebd., S. 332.

93
Ebd., S. 333.

94
Vgl. ebd.

95
Ebd., S. 336.

96
Ebd., S. 338

97
Vgl. ebd., S. 339.

98
Vgl. Mahne (wie Anm. 69), S. 19f.

99
Vgl. Martínez / Scheffel (wie Anm. 71), S. 112f.

Erzählformen

100
Vgl. Aristoteles, **Poetik**, eingel., übers. u. erl. v. Manfred Fuhrmann, München 1976.

101
Siehe dazu etwa Otfried Höffe, **Einführung in Aristoteles' Poetik**, in: ders. (Hg.): **Aristoteles, Poetik**, Berlin 1976, S. 1–27.

102
Vgl. Manfred Fuhrmann, **Einführung / Form, Erhaltungszustand und Aufbau der Poetik**, in: Aristoteles (wie Anm. 100), S. 7–35, hier S. 26, 34.

103
Vgl. ebd., S. 7.

104
Vgl. Aristoteles (wie Anm. 100), S. 51.

105
Vgl. ebd., S. 53.

106
Vgl. ebd., S. 55.

107
Vgl. Dorothea Frede, **Die Einheit der Handlung** (Kap. 7–9), in: Höffe (Hg.) (wie Anm. 101), S. 105–121, hier S. 111.

108
Aristoteles (wie Anm. 100), S. 52.

109
Vgl. ebd., S. 83.

110
Vgl. ebd., S. 63.

111
Fuhrmann (wie Anm. 102), S. 33.

112
Vgl. Frede (wie Anm. 107), S. 6.

113
Vgl. Fludernik (wie Anm. 64), S. 57

114
Vgl. Aristoteles (wie Anm. 100), S. 58

115
Frede (wie Anm. 107), S. 111.

116
Vgl. Aristoteles (wie Anm. 100), S. 40f.

117
Fludernik (wie Anm. 64), S. 169.

118
Aristoteles (wie Anm. 100), S. 52.

119
Vgl. ebd., S. 40f.

120
Siehe dazu wiederum auch Fuhrmann (wie Anm. 102), S. 27.

121
Vgl. Aristoteles (wie Anm. 100), S. 41.

122
Fludernik (wie Anm. 64), S. 169.

123
Vgl. ebd., S. 75f.

124
Vgl. ebd., S. 48.

125
Vgl. Fuhrmann (wie Anm. 102), S. 28.

126
Vgl. Aristoteles (wie Anm. 100), S. 62.

127
Vgl. Fuhrmann (wie Anm. 102), S. 27.

128
Vgl. Aristoteles (wie Anm. 100), S. 110.

129
Vgl. ebd., S. 81.

130
Vgl. ebd., S. 74.

131
Vgl. Fuhrmann (wie Anm. 102), S. 9.

132
Vgl. Aristoteles (wie Anm. 100), S. 50.

133
Vgl. Fuhrmann (wie Anm. 102), S. 22.

134
Vgl. Aristoteles (wie Anm. 100), S. 61.

135
Vgl. Fuhrmann (wie Anm. 102), S. 28.

136
Siehe dazu auch Christof Rapp, **Aristoteles über das Wesen und die Wirkung der Tragödie** (Kap. 6), in: Höffe (Hg.) (wie Anm. 101), S. 87–104.

137
Ebd., S. 95.

138
Vgl. ebd., S. 96–98.

139
Fuhrmann (wie Anm. 102), S. 29.

140
Vgl. Aristoteles (wie Anm. 100), S. 106.

141
Vgl. Gustav Freytag, **Die Technik des Dramas**, bearb. Neuausgabe, Berlin 2012.

142
Vgl. ebd., S. 81.

143
Ebd., S. 75.

144
Vgl. ebd., S. 94f.

145
Vgl. ebd., S. 154–156.

146
Ebd., S. 114.

147
Vgl. ebd., S. 88.

148
Vgl. ebd., S. 94.

149
Ebd., S. 95.

150
Vgl. ebd., S. 171.

151
Vgl. ebd., S. 67.

152
Vgl. ebd., S. 156.

153
Vgl. ebd., S. 160.

154
Vgl. ebd., S. 155f.

155
Vgl. ebd., S. 97.

156
Vgl. ebd., S. 62, 65f.

157
Vgl. ebd., S. 94f.

158
Vgl. ebd., S. 105–107.

159
Ebd., S. 83.

160
Vgl. ebd., S. 82.

161
Ebd., S. 107f.

162
Vgl. ebd., S. 110.

163
Vgl. ebd., S. 109.

164
Ebd., S. 95.

165
Vgl. ebd., S. 112f.

166
Vgl. ebd., S. 93.

167
Vgl. ebd., S. 112f.

168
Ebd., S. 113.

169
Und zwar mit allgemeinem Anspruch: »Die Schlussworte des Dramas haben die Aufgabe, zu erinnern, dass nichts Zufälliges, einmal Geschehenes dargestellt worden sei, sondern ein Poetisches, das allgemein verständliche Bedeutung habe.« (Ebd.)

170
Vgl. Joseph Campbell, **Der Heros in tausend Gestalten**, Frankfurt/M./Leipzig 1999.

171
Vgl. ebd., S. 36–44.

172
Vgl. ebd., S. 41f.

173
Ebd., S. 57.

174
Vgl. ebd., S. 60.

175
Ebd., S. 64.

176
Vgl. ebd., S. 61–72.

177
Ebd., S. 72.

178
Siehe dazu auch Winfried Menninghaus, **Schwellenkunde. Walter Benjamins Passage des Mythos**, Frankfurt/M. 1986.

179
Campbell (wie Anm. 170), S. 79.

180
Vgl. ebd.

181
Vgl. ebd., S. 91–93.

182
Ebd., S. 97.

183
Ebd., S. 106.

184
Vgl. ebd.

185
Vgl. ebd., S. 97.

186
Ebd., S. 115.

187
Ebd., S. 106.

188
Ebd., S. 107f.

189
Vgl. ebd., S. 128–132.

190
Ebd., S. 145.

191
Vgl. ebd., S. 157.

192
Ebd., S. 175.

193
Vgl. ebd., S. 188.

194
Ebd., S. 190.

195
Ebd., S. 188.

196
Ebd., S. 200.

197
Ebd., S. 208.

198
Vgl. ebd.

199
Vgl. ebd., S. 210.

200
Vgl. ebd., S. 217.

201
Ebd., S. 221.

202
Ebd., S. 229.

203
Vgl. ebd., S. 308f.

204
Vgl. ebd., S. 312.

205
Vgl. ebd., S. 303.

206
Vgl. ebd., S. 319–348.

207
Vgl. ebd., S. 342f.

208
Vgl. ebd., S. 326.

209
Anders gesagt: »Ist seine Aufgabe die Regierung der Welt, so ist sie die Welt.« (Ebd.)

210
Vgl. ebd., S. 79.

211
Vgl. ebd., S. 322.

212
Siehe dazu auch Erhard Schüttpelz, **Der Trickster**, in: Eva Eßlinger et al. (Hg.), **Die Figur des Dritten. Ein kulturwissenschaftliches Paradigma**, Berlin 2010, S. 208–224.

213
Vgl. Aristoteles (wie Anm. 100), S. 40f.

214
Freytag (wie Anm. 141), S. 95.

215
Campbell (wie Anm. 170), S. 55, 97, 188.

216
Vgl. Aristoteles (wie Anm. 100), S. 83.

217
Vgl. ebd., S. 62.

Erzähltexturen

218
Im französischen Original heißt es: »le scripteur moderne naît en même temps que son texte; il n'est en rien le sujet dont son livre serait le prédicat; il n'y a d'autre temps que celui de l'énonciation, et tout texte est écrit éternellement ici et maintenant.« (Roland Barthes, **La mort de l'auteur** [1967], in: ders, **Le bruissement de la langue. Essais critiques IV**, Paris 1984, S. 63–69, hier S. 66.)

219
»[L]'écrivain ne peut qu'imiter un geste toujours antérieur, jamais originel; son seul pouvoir est de mêler les écritures, de les contrarier les unes par les autres, de façon à ne jamais prendre appui sur l'une d'elles; voudrait-il *s'exprimer*, du moins devrait-il savoir que la ›chose‹ intérieure qu'il al la présention de ›traduire‹, n'est elle-même qu'un dictionnaire tout composé, dont les mots ne peuvent s'expliquer qu'à travers d'autres mots, et ceci indéfiniment [...]« (Ebd. S. 67.)

220
»Nous savons maintnant qu'un texte n'est pas fait d'une ligne de mots, dégageant un sens unique, en quelque sorte théologique (qui serait le ›message‹ de l'Auteur-Dieu), mais un espace à dimensions multiples, où se marient et se contestent des écritures variées, dont aucune n'est originelle: le texte est un tissu de citations, issues des mille foyers de la culture.« (Ebd.)

221
Vgl. Julia Kristeva, **Bakhtine, le mot, le dialogue et le roman**, in: dies., **Semiotiké. Recherches pour une sémanalyse**, Paris 1969, S. 82–112, hier S. 83, 85.

222
Siehe dazu u.a. Manfred Pfister, **Konzepte der Intertextualität**, in: Ulrich Broich / Manfred Pfister (Hg.), **Intertextualität. Formen, Funktionen, anglistische Fallstudien**, Tübingen 1985, S. 1–30; Ulrich Broich, **Formen der Markierung von Intertextualität**, in: ebd., S. 31–47; Wilhelm Füger, **Intertextualia Orwelliana. Untersuchungen zur Theorie und Praxis der Markierung von Intertextualität**, in: **Poetica 21** (1989), S. 179–200; Renate Lachmann, **Ebenen des Intertextualitätsbegriffs**, in: Karlheinz Stierle / Rainer Warning (Hg.), **Das Gespräch**, München 1984, S. 133–138; Susanne Holthuis, **Intertextualität. Aspekte einer rezeptionsorientierten Konzeption**, Tübingen 1993.

223
Michail M. Bachtin, **Zur Methodologie der Literaturwissenschaft**, in: ders., **Die Ästhetik des Wortes**, Hg. v. Rainer Grübel, Frankfurt / M. 1979, S. 349–357, hier S. 353.

224
Vgl. Michel Foucault, **Qu'est-ce qu'un auteur?** [1969], in: ders., **Dits et écrits 1954-1988**. 4 Bde. Hg. v. Daniel Denfert / François Ewald, Paris 1994, Bd. 1, S. 789–821, hier S. 792.

225
»En effet, préter à l'écriture un statut originaire, n'est-ce pas une manière de retraduire en termes transcendantaux, d'une part, l'affirmation théologique de son caractère sacré, et, d'autre part, l'affirmation critique de son caractère créateur ? [...] Je pense donc qu'un tel usage de la notion d'écriture risque de maintenir les privilèges de l'auteur sous la sauvegarde de l'*a priori*: elle fait subsister, dans la lumière grise de la neutralisation, le jeu des représentations qui ont formé une certain image de l'auteur.« (Ebd. S. 795f.)

226
Vgl. Stephen Greenblatt, **Introduction**, in: S. G. Norman (Hg.), **The Power of Forms in the English Renaissance**, Oklahoma 1982, S. 3–6, hier S. 6.

227
Vgl. Stephen Greenblatt, **Was ist Literaturgeschichte?**, Frankfurt / M. 2000, S. 29.

228
Gustav H. Klaus, **Grundprinzipien des kulturellen Materialismus. Eine Skizze**, in: Ursula Apitsch (Hg.), **Neurath – Gramsci – Williams. Theorien der Arbeiterkultur und ihrer Wirkung**, Hamburg / Berlin 1993, S. 81–98, hier S. 92.

229
Siehe dazu u. a. Markus Joch (Hg.), **Text und Feld. Bourdieu in der literaturwissenschaftlichen Praxis**, Tübingen 2005.

230
»Conservant ce qui est inscrit dans la notion d'intertextualité, c'est-à-dire le fait que l'espace des œuvres se présente à chaque moment comme un champ de prises de position qui ne peuvent être comprises que relationellement, en tant que système d'écarts différentiels, on peut poser l'hypothèse [...] d'une homologie entre l'espace des œuvres définies dans leur contenu proprement symbolique, et en particulier dans leur *forme*, et l'espace des positions dans le champ de production: par exemple, le vers libre se définit contre l'alexandrin et tout ce qu'il implique esthétiquement, maus aussi socialement et même politiquement; en effet, du fait du jeu des homologies entre le champ littéraire et le champ du pouvoir ou le champ social dans son ensemble, la plupart des stratégies littéraires sont surdéterminées et nombre des ›choix‹ sont des **coups doubles**, à la fois esthétiques et politiques, internes et externes.« (Pierre Bourdieu, **Les règles de l'art. Genèse et structure du champ littéraire**, Paris 1992, S. 282–290.)

231
»[...] à la fois pricipe générateur des pratiques objectivement classables et système de lassement (principium divisionis) de ces pratiques [...].« (Ders, **La distinction. Critiquie sociale du jugement**, Paris 1979, S. 190.)

232
Vgl. Pierre Bourdieu, **Raisons pratiques. Sur la théorie de l'action**, Paris 1994, S. 80.

233
Vgl. Moritz Baßler, **Einleitung: New Historicism – Literaturgeschichte als Poetik der Kultur**, in: ders. (Hg.), **New Historicism. Literaturgeschichte als Poetik der Kultur**, Frankfurt/M. 1995, S. 7–28, hier S. 12.

234
Vgl. Marshall McLuhan, **Die Gutenberg-Galaxis. Das Ende des Buchzeitalters** [1962], Düsseldorf/Wien 1968.

235
Norbert Bolz, **Am Ende der Gutenberg-Galaxis. Die neuen Kommunikationsverhältnisse**, München 1993, S. 228.

236
Vgl. ebd., S. 7f.

237
Walter Benjamin, **Einbahnstraße** [1928], in: ders., **Gesammelte Schriften**, unter Mitw. v. Theodor W. Adorno/Gershom Scholem hg. v. Rolf Tiedemann/Hermann Schweppenhäuser, 7 Bde. u. 3 Suppl., Bd. IV.1, Frankfurt/M. 1991, S. 83–148, hier S. 85, 104.

238
Ebd., S. 104.

239
Bolz (wie Anm. 235), S. 203.

240
Vgl. Flusser (wie Anm. 10), S. 145.

241
Vgl. Bolz (wie Anm. 235), S. 155.

242
Ebd.

243
Vgl. Flusser (wie Anm. 10), S. 9f.

244
Vgl. ebd., S. 10f.

245
Vgl. ebd., S. 54.

246
Vgl. ebd., S. 10f.

247
Vgl. ebd., S. 9.

248
Bolz (wie Anm. 235), S. 157.

249
Vgl. Jürgen E. Müller, **Intermedialität als poetologisches und medientheoretisches Konzept. Einige Reflexionen zu dessen Geschichte**, in: Helbig (Hg.) (wie Anm. 55), S. 31–40, hier S. 31. Nach Müller zielte zunächst der Terminus auf Eigenschaften und narrative Funktionen der Allegorie, die sich als intermedium zwischen Person und Personifikation schiebe und das literarische Zwischenspiel zwischen dem Allgemeinen und dem Besonderen erlaubte.

250
Ebd. Siehe auch ders.: **Intermedialität. Formen moderner kultureller Kommunikation**. Münster 1996, S. 75–79.

251
Vgl. Gilles Deleuze, **Das Zeit-Bild**, Frankfurt / M. 1991, S. 41.

252
Vgl. Müller (wie Anm. 249), S. 31.

253
Ebd., S. 31f.

254
Vgl. Claus Clüver, **Interart Studies. An Introduction**, Bloomington 1996.

255
Vgl. Müller (wie Anm. 249), S. 31f.

256
Ebd., S. 34

257
Ebd. Siehe dazu u. a. auch Ansgar Nünning/Vera Nünning, **Produktive Grenzüberschreitungen. Transgenerische, intermediale und interdisziplinäre Ansätze in der Erzähltheorie**, in: dies. (Hg.), **Erzähltheorie transgenerisch, intermedial, interdisziplinär**, Trier 2002, S. 1–22.

258
Vgl. Volker Roloff, **Intermedialität und Medienanthropologie. Anmerkungen zu aktuellen Problemen**, in: Joachim Paech/Jens Schröter (Hg.), **Intermedialität – Analog/Digital. Theorien, Methoden, Analysen**, München 2008, S. 15–30, hier S. 16.

259
Vgl. Jürgen E. Müller, **Intermedialität und Medienhistoriographie**, in: ebd., S. 31–46, hier S. 32.

260
Vgl. Irina O. Rajewski, **Intermedialität und remediation. Überlegungen zu einigen Problemfeldern der jüngeren Intermedialitätsforschung**, in: ebd., S. 47–60, hier S. 54f.

261
Vgl. ebd., S. 53.

262
Vgl. Jens Schröter, **Intermedialität. Facetten und Probleme eines aktuellen medienwissenschaftlichen Begriffs**, in: **montage/av 2** (1998), S. 129–154, hier S. 149.

263
Vgl. Müller, (wie Anm. 259), S. 36, 45.

264
Vgl. Jan Siebert, **Intermedialität**, in: Helmut Schanze (Hg.), **Metzler Lexikon Medientheorie Medienwissenschaft**, Stuttgart 2002, S. 152–154, hier S. 154.

265
Vgl. Marie-Laure Ryan, **Introduction**, in: dies. (Hg.), **Narrative across Media. The Languages of Storytelling**, Lincoln, NE et al. 2004, S. 1–40, hier S. 34.

266
Müller (wie Anm. 249), S. 34.

267
Vgl. Thomas Carlyle: **On Heroes, Hero-Worship and the Heroic in History**, London 1969, S. 26.

268
Müller (wie Anm. 249), S. 34. Siehe dazu auch Peter Berger/Thomas Luckmann, **Die gesellschaftliche Konstruktion der Wirklichkeit**, Frankfurt/M. 1970. Siehe dazu auch Thomas Friedrich/Klaus Schwarzfischer (Hg.), **Wirklichkeit als Design-Problem. Zum Verhältnis von Ästhetik, Ökonomik und Ethik**, Würzburg 2008.

269
1839, im Jahr der Bekanntgabe der Erfindung der Fotografie, galten die Bilder der camera obscura, worauf Paech hinweist, schnell als Modelle des Gedächtnisses: »Nach 1839 wurde das menschliche Gedächtnis eine lichtempfindliche Platte, präpariert für die Aufnahme, Fixierung und Reproduktion visueller Erfahrung.« (Douwe Draaisma, **Ein Spiegel im Gedächtnis**, in: ders., **Die Metaphernmaschine. Eine Geschichte des Gedächtnisses**, Darmstadt 1999, S. 107–140, hier S. 123f.)

270
Joachim Paech, **Intermedialität. Mediales Differenzial und transformative Figurationen**, in: Helbig (Hg.) (wie Anm. 55), S. 14–30, hier S. 19.

271
Ebd.

272
Vgl. Roland Barthes, **Die helle Kammer. Bemerkungen zur Photographie** [1980], Frankfurt/M. 1989, S. 97.

273
Paech (wie Anm. 270), S. 20.

274
Ebd.

275
Der »Unterschied zwischen apparativer (Verschluss-)Geschwindigkeit und vorfotografischer Bewegung« führt, nach Joachim Paech, »je nach Relation, zum (scharfen) Bild des Erstarrens oder zu Unschärfen und Verwischungen bis zum Bild (der Figuration) des Verschwindens, wenn nur noch die sichtbare Spur der Bewegung selbst *festgehalten* werden kann«; der Unterschied, den die Beobachtung des fotografischen Blicks festhalte, sei die »Unterscheidung von Dasein und Dagewesenheit, aber nicht zwischen Bild und wesentlich abwesender Referenz vorfotografischer Realität, sondern im Bild selber als Prozeß der fotografischen Einbildung eines *Zeit-Spalts*«, denn die referenzielle Beziehung werde »im fotografischen Blick als Schock erfahren, wie wenn das Leben selbst im Zeit-Spalt der Gegenwart seine künftige Vergangenheit, den Tod erblickt«. (Ebd.)

276
Vgl. ebd.

277
Siehe dazu einführend Wolfgang Kemp (Hg.), **Theorie der Fotografie**, München 1980.

278
Vgl. Herta Wolf, **Das Denkmälerarchiv Fotografie**, in: dies. (Hg.), **Paradigma Fotografie. Fotokritik am Ende des fotografischen Zeitalters**, 2 Bde., Bd. 1, Frankfurt/M. 2002, S. 349–375, hier S. 352.

279
»Das Denkmälerarchiv ist ein Institut, in welchem die Denkmäler eines Landes in ›Bild und Maß‹ und in kurzer erklärender Beschreibung geordnet sich vorfinden und den Interessenten in verschiedener Form jederzeit zugänglich gemacht werden.« (Edual Dolezal, **Die Photographie und Photogrammetrie im Dienste der Denkmalpflege und das Denkmälerarchiv**, in: **Internationales Archiv für Photogrammetrie 1**, 1908/09, S. 45–70, hier S. 61.)

280
Vgl. Benjamin H.D. Buchloh, **Gerhard Richters Atlas. Das anomische Archiv**, in: Wolf (Hg.): **Paradigma Fotografie** (wie Anm. 278), S. 399–427, hier S. 403f.

281
Vgl. Aby Warburg, **Einleitung zum Mnemosyne-Atlas**, in: **Warburg-Archiv 102.1.1,6.**

282
Bernd Stiegler, **Bilder der Photographie. Ein Album photographischer Metaphern**, Frankfurt/M. 2006, S. 103. Siehe außerdem u. a. auch ders., **Philologie des Auges. Die photographische Entdeckung der Welt im 19. Jahrhundert**, München 2001; ders., **Theoriegeschichte der Photographie**, München 2006; ders.: Montagen des Realen. **Photographie als Reflexionsmedium und Kulturtechnik**, München 2009.

283
Vilém Flusser, **Im Stausee der Bilder. Fotografie und Geschichte**, in: Jörg Boström (Hg.), **Dokument und Erfindung. Fotografien aus der Bundesrepublik Deutschland. 1945 bis heute**, Berlin 1989, S. 13–17, hier S. 13.

284
Siegfried Kracauer, **Geschichte – vor den letzten Dingen**, Frankfurt/M. 1973, S. 109.

285
Barthes (wie Anm. 272), S. 108.

286
Ebd., S. 83.

287
Susan Sontag, **Über Fotografie** [1977], München 1978, S. 21.

288
Walter Benjamin, **Kleine Geschichte der Photographie**, in: ders.: **Das Kunstwerk im Zeitalter seiner technischen Reproduzierbarkeit. Drei Studien zur Kunstsoziologie**, Frankfurt/M. 1977, S. 45–64, hier S. 64.

289
Vgl. Flusser (wie Anm. 10), S. 135.

290
Ebd., S. 112.

291
Bolz (wie Anm. 235), S. 112.

292
Ebd., S. 115.

293
Flusser (wie Anm. 10), S. 41, 39, 53.

294
Vgl. ebd.

295
Vgl. ebd., S. 42f.

296
Vgl. ebd., S. 37.

297
Ebd., S. 124.

298
Ebd., S. 113.

299
Vgl. ebd., S. 119.

300
Ebd., S. 121.

301
Ebd., S. 43.

302
Siehe dazu Oliver Ruf (Hg.), **Smartphone-Ästhetik. Zur Philosophie und Gestaltung mobiler Medien**, Bielefeld 2018.

303
Vgl. Bolz (wie Anm. 235), S. 219.

304
Ebd.

305
Ebd., S. 232f.

306
Vgl. ebd., S. 232.

307
Ebd., S. 231.

308
Vgl. Flusser (wie Anm. 10), S. 87.

Design-Storys

309
Klaus Eck, **Wer Storytelling beherrscht, erreicht und fasziniert Menschen**, in: Pia Kleine Wieskamp (Hg.), **Storytelling: Digital – Multimedial – Social. Formen und Praxis für PR, Marketing, TV, Game und Social Media**, München 2016, S. IX, hier ebd.

310
Vgl. Dieter Herbst, **Storytelling**, 3., überarb. Aufl., Konstanz / München 2014, S. 61.

311
Vgl. Günter Schweiger / Gertraud Schrattenecker, **Werbung**, 9. Aufl., Konstanz 2017, S. 287.

312
Vgl. Petra Sammer / Ulrike Heppel, **Visual Storytelling. Visuelles Erzählen in PR und Marketing**, Heidelberg 2015, S. 83, 106, 290.

313
Siehe dazu u. a. Matthias Wieser, **Visual Turn und Visual Culture Studies**, in: Jörg Helbig / Arno Russegger / Rainer Winter (Hg.), **Visuelle Medien**, Köln 2014, S. 13–31.

314
Siehe dazu näher Knut Hickethier, **Einführung in die Medienwissenschaft**, Stuttgart 2003, S. 83

315
Vgl. ebd.

316
Vgl. Sammer / Heppel (wie Anm. 312), S. 25–27.

317
Siehe dazu ausführlich Kleine Wieskamp (wie Anm. 309).

318
Vgl. ebd., S. 85.

319
Vgl. ebd.

320
Siehe dazu auch Monika Heimann / Michael Schütz, **Wie Design wirkt. Psychologische Prinzipien erfolgreicher Gestaltung**, Bonn 2017, S. 54.

321
Vgl. Nina Janich, **Werbesprache. Ein Arbeitsbuch**, 5. Aufl., Tübingen 2010, S. 195.

322
Siehe dazu ebd., S. 195–157.

323
Karl Schneider, **Werbung in Theorie und Praxis**, 6. Aufl., Waiblingen 2003, S. 272.

324
Vgl. Janich (wie Anm. 321), S. 18.

325
Vgl. Schweiger / Schrattenecker (wie Anm. 311), S. 501.

326
Vgl. ebd., S. 58.

327
Vgl. Sammer / Heppel (wie Anm. 312), S. 238f.

328
Vgl. ebd., S. 242.

329
Vgl. ebd., S. 246.

330
Vgl. ebd., S. 250.

331
Vgl. ebd., S. 256f.

332
Vgl. ebd., S. 262.

333
Vgl. ebd., S. 268.

334
Siehe dazu auch Florian Domer, **Advertorials versus klassische Printwerbung. Eine Wirkungsanalyse**, Wiesbaden 2016.

335
Vgl. Schneider (wie Anm. 323), S. 501.

336
Vgl. Schweiger / Schrattenecker (wie Anm. 311), S. 286.

337
Vgl. Schneider (wie Anm. 323), S. 502.

338
Siehe dazu Schweiger/Schrattenecker (wie Anm. 311), S. 288–291.

339
Herbst (wie Anm. 310), S. 195.

340
Siehe dazu auch Gesche Joost/Arne Scheuermann (Hg.), **Design als Rhetorik. Grundlagen, Positionen, Fallstudien**, Basel 2008.

341
Siehe dazu auch Sammer/Heppel (wie Anm. 312), S. 80.

342
Vgl. ebd., S. 107.

343
Vgl. ebd., S. 109.

344
Vgl. ebd., S. 108.

345
Siehe dazu einmal mehr die »zehn Thesen für gutes Design«, die Dieter Rams hierfür aufgestellt hat. Vgl. Dieter Rams, **Die leise Ordnung der Dinge**, Göttingen 1990, S. 156f.

346
Siehe dazu Lucius Burckhardt, **Design = unsichtbar**, Berlin 1995.

347
Vgl. u. a. Jochen Gros, **Grundlagen einer Theorie der Produktsprache – Einführung**, Offenbach am Main 1987. Siehe dazu u. a. auch Bernard E. Bürdek, **Design: Geschichte, Theorie und Praxis der Produktgestaltung**, Basel 2005; Dagmar Steffen, **Design als Produktsprache. Der »Offenbacher Ansatz« in Theorie und Praxis**, Basel 1999.

348
Vgl. Siegfried Maser, **Einige Bemerkungen zum Problem einer Theorie des Designs**, Braunschweig 1972.

349
Vgl. ebd., S. 2.

350
Vgl. Gros (wie Anm. 347), S. 44.

351
Vgl. ebd., S. 57.

352
Ebd., S. 62.

353
Siehe dazu etwa Ramón Reichert (Hg.), **BIG DATA. Analysen zum digitalen Wandel von Wissen, Macht und Ökonomie**, Bielefeld 2014; Stefan Selke, **Lifelogging. Wie die digitale Selbstvermessung unsere Gesellschaft verändert**, Berlin 2014.

354
Siehe dazu näher Oliver Ruf, **Die Hand. Eine Medienästhetik**, Wien 2014.

355
Vgl. ebd., S. 59–75.

356
Siehe dazu u. a. auch Uta Brandes, **Gender Design. Streifzüge zwischen Theorie und Empirie**, Basel 2017.

357
Siehe dazu auch Karin Harrasser, **Körper 2.0. Über die technische Erweiterbarkeit des Menschen**, Bielefeld 2013.

358
Siehe dazu auch Ramón Reichert, **SELFIES. Selbstthematisierung in der digitalen Bildkultur**, Bielefeld 2019.

359
Siehe dazu auch Oliver Ruf, **Haut und Design. Gestaltungs-Ästhetik**, in: **Ästhetik & Kommunikation 164/165** (2014/15), S. 85–93.

Digitales Erzählen

360
Siehe dazu auch Dennis Eick, **Digitales Erzählen. Die Dramaturgie der Neuen Medien**, Konstanz 2014; Florian Hartling, **Der digitale Autor. Autorschaft im Zeitalter des Internets**, Bielefeld 2009.

361
Siehe dazu auch Christoph Kleinschmidt, **Intermaterialität. Zum Verhältnis von Schrift, Bild, Film und Bühne im Expressionismus**, Bielefeld 2012.

362
Siehe dazu etwa Thomas Strässle, **Zwischen Medien und Materialien**, in: **Jahrbuch Forschung HKB 4** (2009), S. 61–64.

363
Siehe dazu u. a auch Johannes C. P. Schmid/Andreas Veits/Wiebke Vorrath (Hg.), **Praktiken medialer Transformationen. Übersetzungen in und aus dem digitalen Raum**, Bielefeld 2018.

364
Vgl. Strässle (wie Anm. 362).

365
Siehe dazu auch Klaus Krippendorff, **Die semantische Wende. Eine neue Grundlage für Design**, Basel 2012.

366
Zu dessen literarischer Ausprägung siehe u. a. Roberto Simanowski, **Interfictions. Vom Schreiben im Netz**, Frankfurt/M. 2002; Christiane Heibach, **Literatur im elektronischen Raum**, Frankfurt/M. 2003.

367
Vgl. Oliver Quiring/Wolfgang Schweiger, **Interaktivität – ten years later. Bestandsaufnahme und Analyserahmen**, in: **M&K 54.1** (2006), S. 5–24, hier S. 6.

368
Vgl. ebd., S. 8f.

369
Siehe dazu auch Christoph Bieber/Claus Leggewie (Hg.), **Interaktivität. Ein transdisziplinärer Schlüsselbegriff**, Frankfurt/M./New York 2004.

370
Vgl. Claus Leggewie/Christoph Bieber, **Interaktivität – Soziale Emergenzen im Cyberspace**, in: ebd., S. 7–14, hier S. 7.

371
Vgl. Kai Matuszkiewicz, **Internarrativität. Überlegungen zum Zusammenspiel von Interaktivität und Narrativität in digitalen Spielen**, in: **DIEGESIS 3.1** (2014), S. 1–23, hier S. 3.

372
Vgl. Sandra Gaudenzi, **The living Documentary: From representing reality to co-creating reality in digital interactive documentary**, London 2013, S. 69.

373
Vgl. ebd.

374
Vgl. Lutz Goertz, **Wie interaktiv sind Medien?**, in: Leggewie / Bieber (Hg.) (wie Anm. 369), S. 97–117, hier S. 107f.

375
Cris Crawford, **On interactive Storytelling**, Berkeley 2004, S. 81.

376
Vgl. Nicole Mahne, **Mediale Bedingungen des Erzählens im digitalen Raum. Untersuchung narrativer Darstellungstechniken der Hyperfiktion im Vergleich zum Roman**, Frankfurt / M. 2006, S. 108.

377
Siehe dazu u. a. auch Klaus Walter, **Grenzen spielerischen Erzählens. Spiel- und Erzählstrukturen in graphischen Adventure Games**, Siegen 2001.

378
Matuszkiewicz (wie Anm. 371), S. 6.

379
Vgl. Kleine Wieskamp (wie Anm. 309), S. 249–262, hier S. 249.

380
Vgl. Mahne, (wie Anm. 69), S. 9. Zur Diskussion siehe v. a. auch Matthias Brütsch, **Ist Erzählen graduierbar? Zur Problematik transmedialer Narrativitätsvergleiche**, in: **DIEGESIS 2.1** (2013), S. 54–74. Siehe zudem auch Markus Kuhn, **Narrativität transmedial. Von der sprachbasierten zur audiovisuellen Narratologie. Überlegungen zur medialen Reichweite der Narrativität und den Grundlagen einer audiovisuellen Filmnarratologie**, in: John A. Bateman et al. (Hg.), **Film, Text, Kultur. Beiträge zur Textualität des Films**, Marburg 2012, S. 58–85; Werner Wolf, **Narratology and Media(lity). The Transmedial Expansion of a Literary Discipline and Possible Consequences**, in: Greta Olson (Hg.), **Current Trends in Narratology**, Berlin 2011, S. 145–180.

381
Vgl. Kleine Wieskamp (wie Anm. 309), S. 255.

382
Vgl. Jörg Robert, **Einführung in die Intermedialität**, Darmstadt 2014, S. 75.

383
Siehe hierzu Oliver Ruf, **Digitales Editorial Design**, in: Ulf Abraham / Julia Knopf (Hg.), **Deutsch digital**, 2 Bde., Bd. 2, Hohengehren 2016, S. 77–83.

384
Vgl. Yolanda Zappaterra, **Editorial Design**, München, S. 6.

385
Ebd.

386
Ebd. Siehe dazu u. a. auch Michael Meissner, **Zeitungsgestaltung. Typografie, Satz und Druck, Layout und Umbruch**, 3., vollst. aktual. Aufl., Berlin 2007; Peter Brielmaier / Eberhard Wolf, **Zeitungs- und Zeitschriftenlayout**, 2., aktual. Aufl., Konstanz 2000.

387
Vgl. Nikola Gläser / Nikola Wachsmuth, **Editorial Design – Magazingestaltung. Der Leitfaden für Grafiker und Journalisten**, 2. Aufl., München 2014, S. 13.

388
Felix Stalder, **Kultur der Digitalität**, Berlin 2016.

389
Zu den bekanntesten zählen **Snow Fall** (www.nytimes.com/projects/2012/snow-fall; Zugriff am 5. Oktober 2018) und **Firestorm** (www.theguardian.com/world/interactive/2013/may/26/firestorm-bushfire-dunalley-holmes-family; Zugriff am 5. Oktober 2018).

390
Vgl. http://pageflow.io/de (Zugriff am 5. Oktober 2018).

Medien – Design – Kultur

391
Vgl. Georges Canguilhem, **Wissenschaftsgeschichte und Epistemologie. Gesammelte Schriften**, hg. v. Wolf Lepenies, Frankfurt / M. 1979, S. 25f.

392
Vgl. Gaston Bachelard, **Die Bildung des wissenschaftlichen Geistes. Beitrag zu einer Psychoanalyse der objektiven Erkenntnis** [1938], Frankfurt / M. 1984, S. 46f.

393
François Lyotard, **Das postmoderne Wissen. Ein Bericht** [1979], hg. v. Peter Engelmann, Wien 1999, S. 23.

394
Lorenz Engell / Joseph Vogl, **»Vorwort«**, in: Claus Pias et al. (Hg.), **Kursbuch Medienkultur. Die maßgeblichen Theorien von Brecht bis Baudrillard**, 3. Aufl., Stuttgart 2000, S. 8–11, hier S. 10.

395
Ebd.

396
Ebd.

397
Dirk Baecker, **Wozu Kultur?**, Berlin 2000, S. 47.

398
Vgl. Vilém Flusser, **Gesten. Versuch einer Phänomenologie**, Bensheim / Düsseldorf.

399
Vgl. ders., **Medienkultur** [1993 / 95], hg. v. Stefan Bollmann, 5. Aufl., Frankfurt / M. 2008. Siehe zudem mit Blick auf Digitalität u. a. auch Petra Missomelius, **Digitale Medienkultur. Wahrnehmung – Konfiguration – Transformation**, Bielefeld 2006.

400
Zit. nach Stefan Bollmann, **Vorwort**, in: ebd., S. 7–18, hier S. 8.

401
Vgl. Vilém Flusser, **Kommunikologie**, Bensheim / Düsseldorf 1994.

402
Vgl. Vilém Flusser, **Kommunikologie weiter denken. Die Bochumer Vorlesungen**, mit einem Vorwort v. Friedrich A. Kittler, hg. v. Silvia Wagnermaier / Siegfried Zielinski, Frankfurt / M. 2009.

403
Möglich war dies nach dem Prinzip des »notorio saber«, des »offenkundigen Wissens«, das Flusser mit seiner ersten Buchveröffentlichung **Lingua e Realidade** (São Paulo 1963) unter Beweis stellen konnte.

404
Diesen schildert er selbst in: Vilém Flusser, **Bodenlos. Eine philosophische Autobiographie**, Bensheim / Düsseldorf 1992. Siehe außerdem ders., **Von der Freiheit des Migranten. Einsprüche gegen den Nationalismus**, Bensheim / Düsseldorf 1994; ders., **Heimat und Heimatlosigkeit** (Vortrag, August 1985), ungekürzte Originalaufnahme auf CD, Köln 1999; Rainer Guldin / Gustavo Bernardo, Vilém Flusser (1920–1991). **Ein Leben in der Bodenlosigkeit. Biographie**, Bielefeld 2017.

405
Flusser (wie Anm. 399), S. 21.

406
Ebd.

407
Ebd., S. 28.

408
Ebd., S. 29.

409
Ebd., S. 33.

410
Ebd., S. 52.

411
Ebd., S. 71.

412
Ebd., S. 73.

413
Ebd., S. 88.

414
Ebd., S. 89.

415
Ebd., S. 126, 133. Siehe dazu auch Guido Bröckling, **Das handlungsfähige Subjekt zwischen TV-Diskurs und Netz-Dialog. Vilém Flusser und die Frage der sozio- und medienkulturellen Kompetenz**, München 2012.

416
Flusser (wie Anm. 399), S. 145.

417
Ebd.

418
Ebd., S. 146.

419
Ebd., S. 155.

420
Ebd., S. 178f.

421
Ebd., S. 185.

422
Siehe dazu auch eine Reihe von Gesprächen Vilém Flussers, etwa mit Sabine Kraft und Philipp Oswalt: **»Virtuelle Räume – Simultane Welten«**, in: **Arch+ 111** (1992), S. 33–2; mit Florian Rötzer: **»Alle Revolutionen sind technische Revolutionen«**, in: **Kunstforum International 97** (1988), S. 120–134; oder mit Daniela Klock in: **Ästhetik und Kommunikation 23** (1994), S. 87–92.

423
Flusser (wie Anm. 399), S. 212f.

424
Ebd., S. 213.

425
Zit. nach: Bollmann (wie Anm. 400), S. 14f.

426
Vgl. Vilém Flusser, **Für eine Philosophie der Fotografie**, Göttingen 1983.

427
»1991, nach einem Auftritt vor 800 Zuhörern auf einem Essener Kongreß über das menschliche Gehirn, spricht er zum erstenmal davon, den ›Durchbruch‹ geschafft zu haben.« (Bollmann wie Anm. 400, S. 16.)

428
Dazu existiert mit flusserstudies.net eine spezielle wissenschaftliche Publikationsplattform (Zugriff am 5. Oktober 2018).

429
Flusser (wie Anm. 399), S. 233.

430
Ebd., S. 236.

431
Vgl. Konrad Ehlich, **Alltägliches Erzählen**, in: Willy Sanders / Klaus Wegenast (Hg.), **Erzählen für Kinder – Erzählen von Gott**, Mainz 1983, S. 128–150, hier S. 129.

432
Siehe dazu u. a. auch Benjamin Uhl, **Tempus – Narration – Medialität. Eine Studie über die Entwicklung schriftlicher Erzählfähigkeit an der Schnittstelle zwischen Grammatik und Schreiben**, Baltmannsweiler 2015, S. 78f.

433
Siehe dazu u.a. auch Martin Eder, **Digitale Evolution. Wie die digitalisierte Ökonomie unser Leben, Arbeiten und Miteinander verändern wird**, Wiesbaden 2017, S. 254–265.

434
Siehe dazu etwa Austin Shaw, **Design for Motion. Fundamentals and Techniques of Motion Design**, New York 2016.

435
Siehe dazu wiederum auch die Position in Herbst (wie Anm. 310), S. 173–178.

436
Siehe dazu auch Oliver Ruf, **Medien. Design. Praxis. Zu den Bewegungen digitaler Berufe**, in: ders. / Verena Hepperle / Christof Hamann, **Wie aus Theorie Praxis wird. Berufe für Germanisten in Medien, Kultur und Wissenschaft**, München 2016, S. 191–204.

437
Siehe dazu auch Oliver Ruf, **Smartphone-Theorie. Eine medienästhetische Perspektive**, in: ders. (Hg.) (wie Anm. 302), S. 15–31.

438
Zu der Frage, was »Designästhetik« heißt, wurden seitens des Verfassers eine Reihe von Forschungsinitiativen angestoßen, so ein Panel mit dem Titel **Das ist Designästhetik!** im Rahmen des X. Kongress der Deutschen Gesellschaft für Ästhetik **Das ist Ästhetik!** an der Hochschule Offenbach, 14.–17. Februar 2018 (co-organisiert mit Martin Gessmann), für das zusätzlich ein Workshop zur Gründung eines »Netzwerks Designästhetik« stattgefunden hat, dann die interdisziplinäre Tagung mit dem Titel **Designästhetik: Theorie und soziale Praxis** im Arp-Museum Bahnhof Rolandseck am 14. und 15. Juni 2018 (co-organisiert mit Stefan Neuhaus) sowie die vom Verfasser herausgegebene wissenschaftliche Schriftenreihe mit dem Titel **Medien- und Gestaltungsästhetik** im transcript-Verlag Bielefeld.

Bildquellen

S. 86
Horrifying – More Horrifying aus der WWF-Anzeigenserie **Exploiting The Ecosystem Also Threatens Human Lives**, www.adsoftheworld.com/media/print/wwf_shark_0 (Zugriff am 5. Oktober 2018).

S. 88
WWF-Werbekampagne **Deforestation**, www.adsoftheworld.com/media/print/wwf_lungs (Zugriff am 5. Oktober 2018).

S. 90
WWF-Werbekampagne **We cut off something that doesn't grow again. Wherever the rain forest is cleared, barren ground remains** (www.behance.net/gallery/11136591/WWF-Rainforest (Zugriff am 5. Oktober 2018).

S. 91
McDonald's Werbeanzeige **The Real Milkshake – Skipping Rope** aus der Werbekampagne **The Real Milkshake** (http://creativity-online.com/work/mcdonalds-the-real-milkshake-skipping-rope/28339 (Zugriff am 5. Oktober 2018).

S. 94
FAZ-Anzeigenserie **Dahinter steckt immer ein kluger Kopf** (http://verlag.faz.net/unternehmen/kluge-koepfe/trompeter-unter-sich-till-broenner-tritt-fuer-die-f-a-z-auf-11491051.html (Zugriff am 5. Oktober 2018).

Bibliothek für Designer

Weitere Bände der Reihe

Philosophie für Designer
ISBN 978-3-89986-253-9

Medien für Designer
ISBN 978-3-89986-254-6

Recht für Designer
ISBN 978-3-89986-260-7

Existenzgründung für Designer
ISBN 978-3-89986-267-6

Informationstheorie für Designer
ISBN 978-3-89986-283-6

und viele mehr

Herausgeber der Reihe
Prof. Dr. Thomas Friedrich
Prof. Dr. Klaus Klemp
Prof. Dr. Gerhard Schweppenhäuser

Autor des Bandes
Prof. Dr. Oliver Ruf

Lektorat
Kim Bachmann
Dr. Petra Kiedaisch
Bettina Klett

Layout
T616 Berlin
Prof. Veruschka Götz mit Katrin Kassel

Satz
Kim Bachmann

Schriften
The Mix
TheSans
The Serif

Papier
UPM fine, 120 g/m² mit 1,23-fachem Volumen

Druck
Kösel GmbH & Co. KG, Altusried

avedition GmbH
Verlag für Architektur und Design
Senefelderstraße 109
70176 Stuttgart
Deutschland
Tel.: +49 (0)711 / 220 22 79-0
Fax: +49 (0)711 / 220 22 79-15
info@avedition.de
www.avedition.de

ISBN 978-3-89986-277-5

Bibliografische Informationen der Deutschen Nationalbibliothek
Die Deutsche Nationalbibliothek verzeichnet diese Publikation in der Deutschen Nationalbibliografie; detaillierte bibliografische Daten sind im Internet über http://dnb.ddb.de abrufbar.

hochschule mannheim

Dieser Band erscheint mit Unterstützung der Hochschule Mannheim.

Für Ihre Notizen